W0301730

Ilse Könke

Wie finde ich den richtigen Beruf?

Berufsorientierung
Praktikum
Bewerbungstraining

Auer

Die Internetadressen, die in diesem Werk angegeben sind, wurden vom Verlag sorgfältig geprüft (Redaktionsschluss Oktober 2017). Da wir auf die externen Seiten weder inhaltliche noch gestalterische Einflussmöglichkeiten haben, können wir nicht garantieren, dass die Inhalte zu einem späteren Zeitpunkt noch dieselben sind wie zum Zeitpunkt der Drucklegung. Der Auer Verlag übernimmt deshalb keine Gewähr für die Aktualität und den Inhalt dieser Internetseiten oder solcher, die mit ihnen verlinkt sind, und schließt jegliche Haftung aus.

Hinweisen an info@auer-verlag.de auf veränderte Inhalte verlinkter Seiten werden wir selbstverständlich nachgehen.

GRATIS-DOWNLOADS
zur Berufsvorbereitung

Sichern Sie sich 6 Tests mit Fragen rund um das Thema „Kulturwissen" - ideal einsetzbar zum Training Ihrer Schüler im Rahmen der Berufsvorbereitung oder in Vertretungsstunden.

Download der Gratis-Materialien unter
www.auer-verlag.de/06445DK1

Gedruckt auf umweltbewusst gefertigtem, chlorfrei gebleichtem und alterungsbeständigem Papier.

5. Auflage 2018
© 2016 Auer Verlag, Augsburg
AAP Lehrerfachverlage GmbH
Alle Rechte vorbehalten
Das Werk und seine Teile sind urheberrechtlich geschützt. Jede Nutzung in anderen als den gesetzlich zugelassenen Fällen bedarf der vorherigen schriftlichen Einwilligung des Verlages. Hinweis zu § 52 a UrhG: Weder das Werk noch seine Teile dürfen ohne eine solche Einwilligung eingescannt und in ein Netzwerk eingestellt werden. Dies gilt auch für Intranets von Schulen und sonstigen Bildungseinrichtungen.
Umschlagfotos: Fotolia
Illustrationen: Andrea Frick-Snuggs
Satz: Fotosatz H. Buck
Druck und Bindung: Franz X. Stückle Druck und Verlag, Ettenheim
ISBN 978-3-403-**04257**-0

www.auer-verlag.de

Inhalt

Vorwort

Liebe Kolleginnen und Kollegen,

bei diesem Buch handelt es sich um ein Intensivtraining, das sich mit einem Umfang von zwei Stunden in der Woche über ein Schuljahr erstreckt. Das Training ist im Rahmen der Berufsfindung für SchülerInnen der Jahrgangsstufe 9/10 – als künftige ArbeitnehmerInnen – angelegt.

Ein erster Schwerpunkt wird auf folgende Fragen gelegt:

- Was sind meine Interessen, Fähigkeiten und Stärken?
  Nur wenn die zukünftigen ArbeitnehmerInnen den Beruf ausüben, den sie wirklich ausüben wollen, werden sie dauerhaft gute Leistungen erbringen und andere (vor allem ihre ArbeitgeberInnen) von sich überzeugen können.
- Zu welchen Tätigkeitsfeldern passen meine persönlichen Interessen und Stärken?
- Wo werden meine Fähigkeiten gebraucht?
- Worin liegt die stärkste Schubkraft meiner Motivation?

Es geht darum, die SchülerInnen zu befähigen, sich über die eigenen beruflichen Ziele Klarheit zu verschaffen, um dann mittels unterschiedlicher Praktika (z. B. auch in den Ferien!) auszutesten, in welchem Bereich ihre Fähigkeiten so eingesetzt werden können, dass sie den Erwartungen einer persönlich sinnerfüllenden Tätigkeit entsprechen. Aufbauend auf diesen Überlegungen werden weitere Maßnahmen entwickelt:

- Wo kann ich erste Arbeitserfahrungen machen?
- Wie finde ich einen Arbeitsplatz?

Eine ausführliche Reflexion über den Wunschberuf nehmen die SchülerInnen in der „Nachbereitung" vor. So kann die Sicherheit der SchülerInnen im Zusammenhang mit der Berufswahl optimiert werden.

Im Schwerpunkt „Bewerbungstraining" erhalten die SchülerInnen Impulse für unterschiedliche Möglichkeiten der Kontaktaufnahme mit potenziellen ArbeitgeberInnen. Dazu erarbeiten sie nicht nur erforderliche Handlungsstrategien, sondern erfahren durch das realitätsnahe Training – aber noch im Schutz des vertrauten Umfeldes – auch, mögliche Rückschläge als Hinweise zu nutzen, die eigene Vorgehensweise zu reflektieren und zu korrigieren. Hierzu gehören Fragen wie:

- Wie baue ich die nötigen Kontakte auf?
- Wodurch kann ich mich für ArbeitgeberInnen attraktiv machen?
- In welchen Bereichen muss ich meine Kenntnisse und Fertigkeiten vervollständigen, um auf dem Arbeitsmarkt konkurrenzfähig zu sein?
- Was fehlt und könnte sich auf meinem Weg zum Wunschberuf als hilfreich erweisen?
- Wie gehe ich zielsicher vor?

Materialien und Aufgabenstellung sind so konzipiert, dass die mit dem Training beauftragten LehrerInnen entlastet werden und eine vorwiegend begleitende Funktion einnehmen können, was Kapazitäten freisetzt, um den SchülerInnen verstärkt individuelle Beratung zukommen zu lassen.

Intensive persönliche Beratung und Unterstützung sind für junge Menschen von immenser Bedeutung, um Demotivation und Frustration, verbunden mit Ausbildungsabbrüchen, vorzubeugen. So bekommen sie Werkzeuge an die Hand, die sie ermutigen, selbstbewusst und Schritt für Schritt die eigene Lebensplanung umzusetzen.

Ilse Könke

Arbeitsblatt

Interessen und Fähigkeiten als Kind

Schon in der Kindheit werden Grundsteine für die spätere Berufswahl gelegt. Interessen werden geweckt, Fertigkeiten erlernt und trainiert.

- Womit hast du dich als Kind im Alter von 4 – 12 Jahren am liebsten beschäftigt?
- Zeigten sich schon damals Fähigkeiten (z. B. Geschicklichkeit beim Klettern, Ausdauer beim Basteln, Ideenreichtum im Spiel mit anderen usw.), die dir heute nützlich sind?
- Worin wurdest du unterstützt und gefördert?
- Fertige eine Liste mit 10 Beispielen deiner damaligen Lieblingsbeschäftigungen an!

Meine Lieblingsbeschäftigungen als Kind:

☐ 1. ____________________

☐ 2. ____________________

☐ 3. ____________________

☐ 4. ____________________

☐ 5. ____________________

☐ 6. ____________________

☐ 7. ____________________

☐ 8. ____________________

☐ 9. ____________________

☐ 10. ____________________

- Bringe nun deine Lieblingsbeschäftigungen in eine neue Werteskala. Hierfür stehen dir die Kästchen zur Verfügung (☐ 1 = machte besonderen Spaß bis 10 = Zeitvertreib).
- Was waren deine drei bevorzugten Beschäftigungen und ausgeprägtesten Fähigkeiten als Kind? Nenne Beispiele aus der obigen Liste!

1. ____________________

2. ____________________

3. ____________________

Arbeitsblatt

Interessen und Fähigkeiten heute

Setze dich jetzt mit deinen heutigen Fähigkeiten und Vorlieben auseinander!
Du bist älter geworden, hast dich weiterentwickelt und dazugelernt.
Neue Interessen wurden durch Freunde, Eltern, die Schule, Vereine u.Ä. geweckt und vertieft. Vielleicht hast du aber auch Fähigkeiten, die sich bei dir schon als Kind zeigten, vervollkommnet.

- Fertige eine Liste mit 10 Beispielen deiner heutigen Lieblingsbeschäftigungen an.
- Was ist aus deiner Kindheit geblieben und konnte sogar weiter ausgebildet werden?
- Was ist neu hinzugekommen?

Meine Lieblingsbeschäftigungen heute:

☐ 1. ____________________

☐ 2. ____________________

☐ 3. ____________________

☐ 4. ____________________

☐ 5. ____________________

☐ 6. ____________________

☐ 7. ____________________

☐ 8. ____________________

☐ 9. ____________________

☐ 10. ____________________

- Gib auch dieser Liste eine neue Wertigkeit ☐
  (1 = macht besonderen Spaß bis 10 = auch eine Möglichkeit, die Zeit rumzukriegen).
- Was sind *heute* deine drei bevorzugten Beschäftigungen und ausgeprägtesten Fähigkeiten? Das zu wissen, wird dir bei deiner Berufswahl sehr hilfreich sein.
  Nenne Beispiele aus der obigen Liste!

1. ____________________

2. ____________________

3. ____________________

Könke, Ilse: Wie finde ich den richtigen Beruf? © Auer Verlag

Arbeitsblatt

Selbsteinschätzung

Hier kannst du dich einmal ausschließlich mit deinen Stärken beschäftigen, auch wenn dir das erfahrungsgemäß schwerfällt, weil du den Satz „Eigenlob stinkt“ zu oft gehört hast oder „Bescheidenheit ist eine Zier ...“[1]

Der Schlüssel zum Erfolg liegt darin, deine Stärken und positiven Eigenschaften hervorzuheben, zu erweitern und Nutzen aus ihnen zu ziehen.
Der nachfolgende Fragenkatalog unterstützt dich in deiner Selbstanalyse.

Worauf bist du stolz im Hinblick auf

- deine schulischen Leistungen? ______________________________

____

____

- dein Wissen? ______________________________

____

____

- deine sportlichen Fähigkeiten? ______________________________

____

____

- deine Beziehung zur Natur? ______________________________

____

____

- deine handwerkliche Geschicklichkeit? ______________________________

____

____

- deine Hobbys? ______________________________

____

____

1 Weißt du auch, wie der Volksmund ihn vervollständigt hat? Hör dich mal um!

Arbeitsblatt

Fortsetzung: **Selbsteinschätzung**

Worauf bist du stolz im Hinblick auf

- deine Freundschaft mit Gleichaltrigen? ______________________________
- deine Art und Weise, dich zu entspannen? ______________________________
- deine künstlerischen Fähigkeiten? ______________________________
- deine Gesundheit und deinen Körper? ______________________________
- deinen Umgang mit anderen Menschen? ______________________________
- deinen Umgang mit Geld? ______________________________
- deine Fähigkeit, Probleme zu lösen? ______________________________
- Sonstiges ______________________________

Könke, Ilse: Wie finde ich den richtigen Beruf? © Auer Verlag

Arbeitsblatt

Fortsetzung: **Selbsteinschätzung**

Die hier aufgelisteten Adjektive unterstützen dich zusätzlich beim Finden persönlicher Stärken und positiver Charaktereigenschaften.

Ich bin ...

- ☐ aktiv
- ☐ hilfsbereit
- ☐ ruhig
- ☐ zielstrebig
- ☐ friedfertig
- ☐ geschickt
- ☐ lernfähig
- ☐ zuverlässig
- ☐ redegewandt
- ☐ interessiert
- ☐ gesundheitsbewusst
- ☐ selbstständig
- ☐ gerecht
- ☐ kompromissbereit
- ☐ offen
- ☐ präzise
- ☐ kameradschaftlich
- ☐ musikalisch
- ☐ freundlich
- ☐ zugänglich
- ☐ strebsam
- ☐ sportlich
- ☐ belastbar
- ☐ ideenreich
- ☐ kreativ
- ☐ praktisch
- ☐ ausdauernd
- ☐ entschlussfreudig
- ☐ umweltbewusst
- ☐ motiviert
- ☐ effektiv
- ☐ teamfähig
- ☐ natürlich
- ☐ ordentlich
- ☐ vertrauenswürdig
- ☐ tierlieb
- ☐ geduldig
- ☐ verschwiegen
- ☐ ausgeglichen
- ☐ fantasievoll

Arbeitsblatt

Fremdeinschätzung

Jetzt geht es darum, dass Menschen, die dich gut kennen, dich bei der Suche nach deinen Stärken mit ihrem Feedback unterstützen.
Frage sie nach ihrer Einschätzung aufgrund ihrer Beobachtungen und Erfahrungen im Zusammensein mit dir.

- Einschätzung deiner Eltern: ______________________________

____

____

- Name deines Freundes/deiner Freundin: ______________________________

  Einschätzung: ______________________________

  ____

- Name einer anderen Person deines Vertrauens: ______________________________

  Einschätzung: ______________________________

  ____

Stellst du Unterschiede fest, wenn du die Einschätzungen anderer mit deinen eigenen vergleichst? Wenn ja, worin bestehen sie?

____

____

____

____

Worin bestätigen dich die Einschätzungen anderer in Bezug auf deine Fähigkeiten?

____

____

____

____

Könke, Ilse: Wie finde ich den richtigen Beruf? © Auer Verlag

Informationsblatt

Umdeuten von Schwächen in Stärken

Ein Mensch ist nicht nur durch seine Stärken erfolgreich, sondern auch dadurch, dass er in der Lage ist, seine Schwächen in Stärken umzuwandeln.

Sei dir darüber im Klaren, dass **Eigenschaften und Verhaltensweisen immer im Zusammenhang mit einer bestimmten Situation oder bestimmten Personen auftreten** – man nennt das Kontext – und erst dann als positiv oder negativ bewertet werden können.
Beispiel: Ein fröhlicher Mensch, der sein Herz auf der Zunge trägt, kann auf einer Fete ein gern gesehener Gast sein, weil er durch seine Spontaneität und Fröhlichkeit die Stimmung hebt. In einer Situation aber, in der die Menschen ernste Gespräche führen, kann er als Dummschwätzer beurteilt werden.

Bevor du dich selbst verurteilst, ist es deshalb wichtig, dass du dir vor Augen führst, um welches Umfeld es sich handelt, in dem sich diese vermeintlichen Schwächen zeigen. Benutze deine Fantasie und schaffe in Gedanken einen Kontext, ein Umfeld, in dem dieselbe Eigenschaft nicht negativ, sondern positiv bewertet wird.
Das versteht man unter „Umdeuten".

Wenn du dir z. B. vorwirfst, Aufgaben viel langsamer zu lösen als andere, dann denke darüber nach, ob das nicht möglicherweise damit zusammenhängt, dass du mit viel mehr Genauigkeit und Sorgfalt an die Aufgabe herangehst. Oder falls du an dir deine Ungeduld bemängelst, frage dich, ob du ein Mensch bist, der möglichst viel erleben will und viel Interesse an Neuem zeigt.

Wenn du einmal begriffen hast, dass die **negative Bewertung immer nur *eine* Seite der Medaille** ist und dass es dazu eine Gegenseite gibt, dann kannst du erleben, wie sich Schwächen plötzlich als Stärken erweisen.

Natürlich solltest du auch eine **realistische Einschätzung von Schwächen** vornehmen, nämlich dann, wenn du feststellst, dass die eine oder andere Eigenschaft einen echten Mangel für dich darstellt. Diesen kannst du dann durch Aneignung bestimmter Fähigkeiten beheben.

Da gibt es z. B. Rhetorikkurse oder Selbstsicherheitstrainings als VHS-Angebote, die du nutzen kannst, wenn du dein Auftreten verbessern möchtest. Aber auch zahlreiche andere Institutionen bieten verschiedene Kurse und Seminare an.

Sieh dich um, hör dich um, strecke deine Fühler aus und eigne dir an, was fehlt!

Arbeitsblatt

Fortsetzung: **Umdeutung von Schwächen in Stärken**

Jetzt heißt es *Hand aufs Herz* und eine realistische Einschätzung deiner Fähigkeiten vornehmen.
In welchen Situationen erlebst du die eine oder andere Eigenschaft als Schwäche?

1. ______________________________

   ____

   - Wie kannst du diese Schwäche so umdeuten, dass auch ihr positiver Aspekt für dich deutlich wird?

     ____

     ____

   - Hat sich durch die neue Sichtweise etwas geändert oder hat sich dir ein Mangel gezeigt, den du beheben möchtest? Wie kannst du das dann in die Wege leiten?

     a) ______________________________

     b) ______________________________

     c) ______________________________

2. In welchen Situationen erlebst du weitere störende Eigenschaften?

   ____

   ____

   - Wie kannst du auch diese Schwäche so umdeuten, dass ihr positiver Aspekt für dich erkennbar wird?

     ____

     ____

   - Hat sich durch deine neue Sichtweise etwas geändert oder hat sich dir ein Mangel gezeigt, den du beheben möchtest? Was kannst du jetzt unternehmen?

     a) ______________________________

     b) ______________________________

     c) ______________________________

Könke, Ilse: Wie finde ich den richtigen Beruf? © Auer Verlag

Arbeitsblatt

Berufe in meiner Familie

Auf der Suche nach deinen persönlichen Fähigkeiten steht dir noch eine interessante Informationsquelle zur Verfügung: deine Familie.

Welche Berufe üben/übten deine Eltern, Großeltern und Urgroßeltern aus? Haben sie ihr Wissen, Können und ihre Interessen an dich weitergegeben und gibt es Gemeinsamkeiten?

meine Urgroßeltern väterlicherseits

Name:
Beruf:

Name:
Beruf:

Name:
Beruf:

Name:
Beruf:

meine Urgroßeltern mütterlicherseits

Name:
Beruf:

Name:
Beruf:

Name:
Beruf:

Name:
Beruf:

meine Großeltern väterlicherseits

Name:
Beruf:

Name:
Beruf:

meine Großeltern mütterlicherseits

Name:
Beruf:

Name:
Beruf:

mein Vater

Name:
Beruf:

meine Mutter

Name:
Beruf:

Ich

Name:
Beruf:

Arbeitsblatt

Bestandsaufnahme 1: Das weiß ich über mich

Trage alles zusammen, was du über dich herausgefunden hast.

- **Lieblingsbeschäftigungen als Kind:**

1. ______________________________
2. ______________________________
3. ______________________________

- **Lieblingsbeschäftigungen heute:**

1. ______________________________
2. ______________________________
3. ______________________________

- **Worauf du stolz bist:**

1. ______________________________
2. ______________________________
3. ______________________________

- **Unterstützende Charaktereigenschaften:**

1. ______________________________
2. ______________________________
3. ______________________________

- **Stärken, die du durch Umdeuten dazugewonnen hast:**

1. ______________________________
2. ______________________________
3. ______________________________

Könke, Ilse: Wie finde ich den richtigen Beruf? © Auer Verlag

Arbeitsblatt

Fortsetzung: **Bestandsaufnahme 1**

- **Von deiner Familie weitergegebene Fähigkeiten:**

1. ______________________________
2. ______________________________
3. ______________________________

- **Ergänzungen:**
Bist du mit deiner Bestandsaufnahme zufrieden? Was fehlt dir noch?
Gibt es Bereiche, in denen du dir umfassenderes Wissen und Können sowie ein stärkeres Engagement wünschst? Worum geht es dabei?

1. ______________________________
2. ______________________________
3. ______________________________

- Was wurde nicht gefragt, ist dir aber während deiner Arbeit mit den Fragebögen und bei deiner Selbstanalyse aufgefallen? Jetzt hast du Gelegenheit zu ergänzen.

____

____

____

____

____

____

____

____

____

____

____

____

Werbung für mich

Absicht:

Mit dieser Übung sollen sich die SchülerInnen auf ihre persönlichen Stärken konzentrieren, die sie in der Selbstanalyse entdeckt haben, und sie anderen gegenüber selbstbewusst zum Ausdruck bringen.
Das Ziel ist die Stärkung des Selbstwertgefühls und das Empfinden der eigenen Kraft.

Durchführung:

Ich möchte, dass ihr zwei Sitzkreise bildet: einen inneren und einen äußeren. Setzt euch zu zweit zusammen. Der Ältere setzt sich in den inneren Kreis mit dem Rücken zur Mitte und der Jüngere setzt sich ihm gegenüber mit dem Rücken nach außen. Habt ihr verstanden?

Macht euch bewusst, dass jeder aus dieser Klasse etwas gefunden hat, auf das er stolz ist und das ihn einzigartig sein lässt.

Ich möchte, dass jeder von euch jetzt seinem Gegenüber von seinen besonderen Fähigkeiten und Talenten, sozialen Leistungen und Erfolgen erzählt und der andere hört ihm mit Aufmerksamkeit und Respekt zu, ohne einen Kommentar abzugeben.

Es beginnen diejenigen, die im Außenkreis sitzen. Nach ca. 3–5 Minuten wird gewechselt und diejenigen aus dem Innenkreis erzählen von ihren Stärken und positiven Eigenschaften.

Für SchülerInnen sind derartige Übungen anfangs ungewohnt, deshalb versuchen sie, ihren Part schnell hinter sich zu bringen. Daher können die außen Sitzenden einen Platz weiter nach rechts rutschen und mit neuen PartnerInnen die Übung wiederholen, damit Selbstwert und Selbstsicherheit eine Chance haben, zu wachsen.

Nachbesprechung:

- Wie geht es dir nach dieser Übung?
- Wie erging es dir damit, dich selbst zu loben?
- Was war unangenehm?
- Was war besonders angenehm?
- Was hast du aus dieser Übung für dich gewonnen?
- Was möchtest du sonst noch sagen?

Könke, Ilse: Wie finde ich den richtigen Beruf? © Auer Verlag

Arbeitsblatt

Welcher Beruf passt zu mir?

- In welchen Berufsbereichen kannst du deine persönlichen Stärken einsetzen?

  1. ______________________________
  2. ______________________________
  3. ______________________________

- Stelle dir vor, du müsstest deine persönlichen Fähigkeiten auf dem Arbeitsmarkt „verkaufen". Welche Arbeitgeber könnten an deinen Fähigkeiten interessiert sein?

  1. ______________________________
  2. ______________________________

- Welche Einsatzgebiete gibt es außerdem?

  1. ______________________________
  2. ______________________________

- Wie schätzt du deine Chancen auf dem Arbeitsmarkt ein? Reicht dir das oder hast du deine beruflichen Ziele höher gesteckt? Wie kannst du deine Chancen verbessern?

  ____

  ____

  ____

  ____

  ____

- Suche in verschiedenen Zeitungen/Zeitschriften (Es gibt noch andere als das städtische Tagesblatt!) oder im Internet nach Stellenausschreibungen, die deinem Berufswunsch entsprechen und klebe sie auf das Extrablatt.

  Welche Informationsquellen hast du benutzt?

  a) ______________ b) ______________

  c) ______________ d) ______________

  e) ______________ f) ______________

Arbeitsblatt

Stellenangebote finden und auswerten

Klebe die von dir gefundenen Stellenangebote auf dieses Arbeitsblatt.

Was wird heute in den von dir bevorzugten Sparten von zukünftigen Mitarbeitern verlangt?

Beruf: ______________________

1. ______________________
2. ______________________
3. ______________________
4. ______________________
5. ______________________

Beruf: ______________________

1. ______________________
2. ______________________
3. ______________________
4. ______________________
5. ______________________

Könke, Ilse: Wie finde ich den richtigen Beruf? © Auer Verlag

Stellenangebote

Klebe die von dir gefundenen Stellenangebote auf dieses Arbeitsblatt.

Auszubildende/r zum/r Steuerfachangestellten

ab sofort oder später gesucht.

Voraussetzung: Höhere Handelsschule bzw. Abitur mit entsprechenden Kenntnissen in den Fächern Deutsch, Mathematik und EDV.

Geboten wird eine abwechslungsreiche Ausbildung mit externer Fortbildung in Steuerrecht und EDV-Anwendung.

Erwartet wird Genauigkeit bei der Arbeit und Interesse an einem EDV-unterstützten Ausbildungsplatz.

Vorabinformation über unsere Beratungsgesellschaft, unser Team und unsere Tätigkeiten erhalten Sie unter:

Steuerberatungsgesellschaft mbH

Telefon **Fax**

• ***Reiseleiter/-innen***

Sie sind mobil und 21 bis 29 Jahre jung, Sie haben Abitur bzw. mittlere Reife mit abgeschlossener Berufsausbildung, Sie beherrschen mindestens eine Fremdsprache fließend, Sie haben Spaß am Kontakt mit Menschen, Sie interessieren sich für fremde Länder und Kulturen, Sie besitzen einen gültigen Führerschein für PKW, Sie sind belastbar, entschlussfreudig und selbstständig, Sie können sich durchsetzen aber auch situativ einfühlen, Sie warten mit guten Umgangsformen und einer guten Allgemeinbildung auf, Sie sind immer gut gelaunt, aufgeschlossen und flexibel.

Wir bieten Ihnen eine professionelle Ausbildung, guten Verdienst sowie freie Unterkunft und Verpflegung, Vergünstigungen bei Reisen, eine private Krankenversicherung und weltweite Karrierechancen im Innen- und Außendienst eines der größten Touristikkonzerne Europas.

Was wird heute in den von dir bevorzugten Sparten von zukünftigen MitarbeiterInnen verlangt?

Beruf: Steuerfachangestellte/r:

1. Höhere Handelsschule
2. gute Leistung in Deutsch + Mathe
3. EDV-Kenntnisse
4. Genauigkeit bei der Arbeit
5. Interesse an PC-Arbeit

Beruf: ReiseleiterIn:

1. mobil sein
2. mittlere Reife
3. mind. eine Fremdsprache fließend
4. kontaktfreudig
5. Interesse an fremden Ländern

Material für LehrerInnen

Arbeitsblatt

Mein Traumberuf: Präsentation

- Welcher Beruf erfüllt deine Vorstellungen?
  Fertige ein **Informationsplakat** an, mit dem du deine MitschülerInnen über diesen Beruf informierst.
  Dazu gehört neben aufschlussreichen Fotos aus dem Arbeitsalltag vor allem die Beantwortung folgender Fragen:

- **Wo** wird dieser Beruf ausgeübt (Institutslabor, Handwerksbetrieb, Behörde, Jugendbegegnungszentrum usw.)?

- Welche **Voraussetzungen** müssen erfüllt sein, um in diesem Beruf arbeiten zu können (Ausbildungsweg, -dauer, -kosten, -ort, Schule, Einsatzbereich)?

- Welche **Anforderungen** stellt dieser Beruf an dich bezogen auf
  - geistige Fähigkeit,
  - körperliche und seelische Belastbarkeit,
  - Teamfähigkeit,
  - Selbstständigkeit usw.?

- Wie hoch ist der **Verdienst** während/nach der Ausbildung?

- Welche **Aufstiegsmöglichkeiten** werden geboten?

- Durch welche **zusätzlichen Fortbildungen** und/oder **Nachqualifikationen** kannst du die Ausbildung ausbauen, um in höher qualifizierte oder verwandte Berufszweige aufzusteigen? (z. B.: Krankenschwester → Abendgymnasium → Medizinstudium → Fachärztin, Kfz-Mechaniker → Ingenieursakademie → Ingenieur usw.)

- Wenn du die notwendigen Informationen eingeholt und zu informativen Textpassagen zusammengefasst hast, gestalte sie zusammen mit ergänzendem Bildmaterial zu einem augenfälligen **Plakat**, das andere neugierig macht, genauer hinzuschauen und nachzulesen.

- Behandeln andere SchülerInnen das gleiche Thema? Sprecht euch vorher ab, damit sich eure **Informationen ergänzen** und unterstützen können.

- Fertige für das anschließende **Referat** vor der Klasse, mit dem du deine KlassenkameradInnen über deinen Traumberuf informierst, einen Spickzettel an, den du vor dir auf den Tisch legen kannst, um bei Bedarf nachzuschauen. Versuche aber, frei zu sprechen.

- Bereite dich so gut vor, dass du auch auf **Zwischenfragen** eine Antwort parat hast. Überlege deshalb, welche Fragen auftauchen könnten, die von dir bisher unberücksichtigt geblieben sind.

Könke, Ilse: Wie finde ich den richtigen Beruf? © Auer Verlag

Organizer 1: Zeitplan

Klasse: ..../Schuljahr:		
Maßnahme:	**Datum:**	**Anmerkung:**
Praktikumszeitraum		
Vorstellung des Arbeitsamt-Berufsberaters in der Klassenpflegschaft		
Abgabetermin der Einverständniserklärung von Betrieb und Eltern		
1. Präsenztag des Arbeitsamt-Beraters		
Termin beim Gesundheitsamt		
Besuch im BIZ		
Abgabetermin der Praktikumsmappen		
Elternabend zum Projekt *Berufsfindung*		
Testtraining		
Bewerbungstraining		
2. Präsenztag des Arbeitsamt-Beraters		

Material für LehrerInnen

Material für LehrerInnen

Bewertungsbogen Klasse: ....

Name	Datum	Mitarbeit		Präsentation		Heft-führung	Soziales Verhalten	Material	Hausauf-gaben	Verspä-tung	Fehl-zeiten	Sonstiges	Note
		einzeln	Gruppe	Referat	Medien								

Könke, Ilse: Wie finde ich den richtigen Beruf? © Auer Verlag

Stempel der Schule

Elternbrief 1

..............................., den .... 20....

An die Erziehungsberechtigten
der SchülerInnen der Jahrgangsstufe 9

Informationen zum Berufspraktikum

Liebe Eltern,

wir möchten Sie darüber informieren, dass das Betriebspraktikum für die Klassen 9 unserer Schule in der Zeit vom .... bis .... durchgeführt wird.

Unsere SchülerInnen werden zwar seit Beginn des Schuljahres im Unterricht auf das Praktikum vorbereitet, es ist jedoch zwingend notwendig, dass Sie zusammen mit Ihrem Kind eine Praktikumsstelle finden, die den Interessen und Fähigkeiten Ihres Kindes entspricht.

Wir bitten Sie aus organisatorischen Gründen, die Zusage des betreffenden Unternehmens bzw. der betreffenden Einrichtung bis zum .... bei uns vorzulegen.

Wenn für Sie durch das Praktikum zusätzliche Fahrtkosten entstehen, können Sie diese mit Belegen über unser Sekretariat geltend machen. Bedenken Sie jedoch, dass der Schulträger nur die kostengünstigsten Fahrtkosten erstattet, wobei Monats-/Wochenkarten günstiger sind als Einzelfahrscheine.

Des Weiteren möchten wir Sie darüber in Kenntnis setzen, dass Ihr Kind auch während des Praktikums über den Schulträger unfall- und haftpflichtversichert ist.

Soweit SchülerInnen in der Praktikumsstelle mit Lebensmitteln in Berührung kommen, wie z. B. im Lebens- und Genussmittelgewerbe, Krankenhaus, Kindergarten u. Ä., werden sie von der Schule zur vorgeschriebenen ärztlichen Untersuchung und Belehrung beim Gesundheitsamt angemeldet.

Zuständig für die Betreuung Ihrer Kinder während der Praktikumszeit ist

Frau/Herr ....
Bei Nachfragen und Beratungsbedarf telefonisch erreichbar unter: ....

Wir bedanken uns für die unterstützende Zusammenarbeit.

Mit freundlichen Grüßen

....
SchulleiterIn

Stempel der Schule

Begleitschreiben an die aufnehmende Praktikumsstelle

.............................., den .... 20....

Schülerbetriebspraktikum der Jahrgangsstufe ... vom .... bis .... 20....

Sehr geehrte Damen,
sehr geehrte Herren,

die Schülerin ..../der Schüler .... hat sich in Ihrem Unternehmen/in Ihrer Einrichtung um eine Praktikumsstelle beworben und erfreulicherweise eine Zusage erhalten. Hierfür bedanken wir uns herzlich.

Wir möchten Sie davon in Kenntnis setzen, dass die SchülerInnen der Klassen ... seit Beginn des Schuljahres im Unterricht in vielerlei Hinsicht auf das Praktikum vorbereitet werden. Ein besonderes Anliegen ist uns dabei, dass unsere SchülerInnen ein Berufsziel anvisieren, das ihren Fähigkeiten, Interessen und Wünschen entspricht.

Durch Ihre freundliche Unterstützung wird es unseren SchülerInnen möglich, in ihrem Wunschberuf praktische Erfahrungen zu sammeln und zu überprüfen, ob die Erwartungen mit den realen Gegebenheiten übereinstimmen.

Wir bitten Sie daher, der Schülerin/dem Schüler Gelegenheit zu geben, Tätigkeiten auszuführen, die denen von Auszubildenden gleichkommen, wobei die Arbeitszeiten gemäß JArbSchG §§ 8 u. 14 Geltung haben.

Von Unfall- und Haftpflicht sind Sie entlastet, da unsere SchülerInnen auch während des Praktikums durch den Schulträger versichert sind.

Der Kontakt zwischen Schule, SchülerInnen und Unternehmen/Einrichtung während des obigen Zeitraumes ist durch Besuche betreuender LehrerInnen gewährleistet.

Telefonische Rückfragen bitte an: Herrn/Frau ....
Tel.: ....

Wir bedanken uns für Ihr freundliches Entgegenkommen.

Mit freundlichen Grüßen

....
SchulleiterIn

Könke, Ilse: Wie finde ich den richtigen Beruf? © Auer Verlag

Informationsblatt

Allgemeine Informationen zur schriftlichen Bewerbung

Wenn du die Aufmerksamkeit der Einstellenden auf dich lenken willst, ist es wichtig, bereits im Vorfeld einen positiven Eindruck durch deine Bewerbungsunterlagen zu hinterlassen.

Die vorläufigen **Bewerbungsunterlagen** bestehen aus:

1. dem selbst formulierten **Anschreiben** mit dem sich anschließenden **Bewerbungstext**, in dem du etwas zu deiner Person sagst. Nenne
   - ► deine Fähigkeiten und Interessen,
   - ► deine schulischen Qualifikationen,
   - ► Kurse, wenn sie im Zusammenhang zum späteren Ausbildungsberuf stehen,
   - ► dein Berufsziel und den Grund, weshalb du dich gerade für dieses Unternehmen/diese Einrichtung interessierst, z. B. aufgrund von
     - besonderer Eignung,
     - Empfehlung,
     - Stellenanzeige in der Tageszeitung (Achte darauf, dass du die gewünschten Voraussetzungen erfüllst!),
     - Angebot auf der Internetseite des Unternehmens,
     - Informations- und Werbematerial der Firma u. Ä.

   Lasse durch dein Bewerbungsschreiben deutlich werden, dass dein Interesse sowohl auf den Praktikumsplatz/Ausbildungsplatz als auch auf das Unternehmen gerichtet ist und **bitte um ein Vorstellungsgespräch**.

2. dem **Lebenslauf**.

3. einem **aktuellen Lichtbild**, das von einem Fotografen (!) angefertigt wurde. Er ist der Fachmann und kennt die Tricks, dich am vorteilhaftesten ins Bild zu setzen.

   Außerdem:
   - ► Achte auf **die äußere Form**. Der erste Eindruck entscheidet über Zusage/Einstellung oder Absage:
     - Benutze hochwertige weiße DIN-A4-Papierbögen. Das zeigt deine Wertschätzung für das Unternehmen.
     - Gestalte das Anschreiben wie jeden offiziellen Brief mit Briefkopf, Datum und Ortsangabe.
   - ► Erkundige dich bei der Firmenzentrale nach dem Namen deiner AnsprechpartnerInnen und sprich sie in deinem Anschreiben persönlich an. Das signalisiert Interesse und gute Umgangsformen.
   - ► Fasse dich in deinem Bewerbungsschreiben so kurz und prägnant wie möglich, denn die Einstellenden haben nicht viel Zeit.
   - ► Nimm dir Zeit für den Feinschliff: Kontrolliere vor dem Abgeben, ob
     - alle Unterlagen komplett sind (Lebenslauf, Foto, Zeugniskopien),
     - die Seiten nummeriert sind,
     - die Unterschrift geleistet ist und
     - das Rechtschreibprogramm genutzt wurde, um Fehler zu korrigieren.

Vielleicht findest du einen hilfsbereiten und kompetenten Menschen, der alles noch mal gegenliest. Der Aufwand lohnt sich!

Informationsblatt

Bewerbungsschreiben: Beispiel 1

Susanna Fröhlich

Buchholzweg 26
10203 Glücksstadt
Tel.: 01234/5678
Sus@Fröhlich.de

An
Städt. Kindergarten Amselweg
z. Hd. Frau Martina Kinderreich
Amselweg 15

10203 Glücksstadt

15. Oktober 20....

Bewerbung um eine Praktikantinnenstelle in der Zeit vom .... bis .... 20....

Sehr geehrte Frau Kinderreich,

aufgrund unserer telefonischen Vereinbarung übersende ich Ihnen meine Bewerbungsunterlagen mit der Bitte, mein Praktikum in Ihrem Kindergarten durchführen zu können.

Ich besuche die Klasse 9a der Philipp-Pfiffikus-Schule in Glücksstadt und möchte nach erfolgreichem Abschluss die Ausbildung zur Erzieherin beginnen.

Ich beschäftige mich gerne mit den Kindern, die ich als Babysitterin betreue. Ich gehe dann z. B. mit ihnen in den nahen Park oder an die Ruhr, um Tiere zu beobachten oder wir basteln etwas aus gesammelten Materialien. Ich erfreue mich jedesmal an der Begeisterung der Kinder und möchte diese Tätigkeit zu meinem Beruf machen.

Deshalb habe ich auch Sozialwissenschaften als Wahlpflichtfach gewählt, um mich mit verschiedenen sozialen Bereichen auseinanderzusetzen. Meine Interessen für Kunst und Musik kann ich auch gut in meinen zukünftigen Beruf einfließen lassen. Vielleicht wäre es möglich, dass ich bei Ihnen mit einigen Kindern basteln und malen kann.

Die Kinder von Bekannten besuchten Ihren Kindergarten, und daher weiß ich, dass Sie sehr darauf achten, den älteren Kindern den Übergang zur Grundschule dadurch zu erleichtern, dass Sie spielerisch Vorarbeit leisten, u. a. mit einfachen Schreibübungen und Rechenaufgaben.

Mich interessiert das alles sehr, deshalb freue ich mich über die Gelegenheit zu einem persönlichen Gespräch.

Mit freundlichen Grüßen

Susanna Fröhlich

Anlagen
Tabellarischer Lebenslauf
Lichtbild
Zeugniskopie
Kursusbescheinigung der VHS
Anschreiben der Schule
Praktikumsbestätigung

Könke, Ilse: Wie finde ich den richtigen Beruf? © Auer Verlag

Informationsblatt

Lebenslauf

Susanna Fröhlich, geboren am 03.03.199... in Glücksstadt

Eltern:	Helmut Fröhlich, Werkzeugmachermeister Margit Fröhlich, geb. Tippschnell, Sekretärin
Schulbildung:	199... – 20... Friedrich-Wilhelm-Grundschule in Glücksstadt seit 20... Philipp-Pfiffikus-Schule in Glücksstadt angestrebter Abschluss: Fachoberschulreife
Interessen:	Deutsch Sozialwissenschaften Musik Kunst Informatik
Fähigkeiten:	kinderlieb kreativ technisches Verständnis musikalisch hilfsbereit
Hobbys:	Basteln Lesen Bildgestaltung mit dem PC Klavier spielen
Berufsziel:	Erzieherin

Susanna Fröhlich 10203 Glücksstadt, den 15.10.20....

Informationsblatt

Bewerbungsschreiben: Beispiel 2

Michael Clever

22. Oktober 20....

Nikolausweg 3-5
10203 Glücksstadt
Tel: 01234/77889
E-Mail: Michael@clever.de

Glücksstädter Maschinenbau KG
z. Hd. Herrn Josef Rädl
Postfach 12 34

10203 Glücksstadt

Bewerbung um eine Praktikantenstelle in der Zeit vom .... bis .... 20....

Sehr geehrter Herr Rädl,

aufgrund unserer telefonischen Vereinbarung übersende ich Ihnen meine Bewerbungsunterlagen mit der Bitte, mein Praktikum in Ihrem Unternehmen absolvieren zu können.

Zurzeit besuche ich die Klasse 9a der Philipp-Pfiffikus-Schule in Glücksstadt und möchte nach erfolgreichem Schulabschluss gerne die Ausbildung zum Industriekaufmann beginnen.

Wie Sie der beigefügten Zeugniskopie entnehmen können, habe ich gute Leistungen in den Fächern Englisch, Mathematik, Physik und Technik.
Meine muttersprachlichen Spanischkenntnisse verbessere ich weiter durch Teilnahme an Lehrgängen des Fremdspracheninstituts Redefix.

Den Beruf des Industriekaufmanns strebe ich an, weil ich darin meine technischen und fremdsprachlichen Neigungen am erfolgreichsten verwerten kann. Durch das Praktikum möchte ich herausfinden, ob mir auch der kaufmännische Bereich liegt.

Bitte benachrichtigen Sie mich, ob ich für die Praktikantenstelle geeignet bin und wann ich mich zu einem persönlichen Gespräch bei Ihnen vorstellen darf.

Mit freundlichen Grüßen

Michael Clever

Anlagen
Lichtbild
Tabellarischer Lebenslauf
Kopie des letzten Zeugnisses
Anschreiben der Schule
Praktikumsbestätigung

Könke, Ilse: Wie finde ich den richtigen Beruf? © Auer Verlag

Informationsblatt

Profile-Map

Michael Clever

geboren

05. Juni 199…
in Glückstadt

Schulausbildung

- 199… – 20… Pestalozzi-Grundschule, Buchberg
- seit 20… Philipp-Pfiffikus-Schule in Glückstadt

schulische Interessen

- Englisch
- Spanisch
- Mathematik
- Physik
- Technik

Eltern

Günther Clever,
Kfz-Mechaniker

Maria Clever, geb. del Sol,
Verkäuferin

Fähigkeiten

- sprachbegabt
- technisches Verständnis
- ideenreich
- sportlich
- zielstrebig

Hobbys

- alte Mopeds auseinandernehmen und wieder neu zusammenbauen
- Musik hören
- Pfadfindergruppe leiten

Berufswunsch

Industriekaufmann

Michael Clever

Glückstadt, den 22.10.20….

Informationsblatt

Umgang mit Komplikationen

► **Wenn keine Reaktion kommt:**

Hast du zwei bis drei Wochen nach Versand deiner Bewerbungsunterlagen noch immer keine Reaktion auf dein Schreiben bekommen, solltest du dich in Erinnerung bringen.
Das ist nicht nur dein gutes Recht, sondern signalisiert auch dein ernsthaftes Interesse an der Stelle.
Du kannst deine höfliche Anfrage schriftlich formulieren und an deine AnsprechpartnerIn schicken oder anrufen.

Starthilfe:
- Name
- Begrüßung
- Worum geht es? (Bewerbung um die Praktikumsstelle als ...)
- Wann wurden die Bewerbungsunterlagen abgeschickt? (genaues Datum)
- An wen wurden sie geschickt? (Name/Adresse)
- „Bis wann kann ich mit einer Antwort rechnen?"

Wenn du später im Zusammenhang mit einer Bewerbung um einen Ausbildungsplatz in die gleiche Situation kommst, solltest du bei einer telefonischen Nachfrage deine Unterlagen griffbereit neben dem Telefon liegen haben. Denn nach einigen Bewerbungen und in der Aufregung weißt du nicht immer, was du dem jeweiligen Unternehmen mitgeteilt hast.

► **Bei einer Absage:**

- Solltest du auf dein Bewerbungsschreiben eine Absage bekommen haben, ohne dass es zur Einladung zu einem Vorstellungsgespräch gekommen ist, solltest du deine Bewerbungsunterlagen noch einmal überprüfen.
  Folgende Faktoren könnten ausschlaggebend gewesen sein:
- Zulassungsvoraussetzungen?
- War der Bewerbungszeitraum begrenzt?
- Inhalt des Bewerbungsschreibens?
- Auffälligkeiten im Lebenslauf? Hier sind evtl. Erklärungen angebracht.

➡ Im Zweifelsfall höflich nach dem Grund fragen, um aus der Information zu lernen und für die nächste Bewerbung besser vorbereitet zu sein.

Könke, Ilse: Wie finde ich den richtigen Beruf? © Auer Verlag

Gesundheitsinformation

Wer durch das Praktikum mit Lebensmitteln in Berührung kommt, benötigt für seinen Arbeitsgeber einen Nachweis vom Gesundheitsamt über die Belehrung gem. § 43 Abs. 1 Nr. 1 Infektionsschutzgesetz (IfSG).

Zu den SchülerInnen, die einen solchen Nachweis bei ihrer Praktikumsstelle vorlegen müssen, gehören aus der Klasse ....

1. ________________________________
2. ________________________________
3. ________________________________
4. ________________________________
5. ________________________________
6. ________________________________
7. ________________________________
8. ________________________________

!

Euer gemeinsamer Termin für die
Belehrung durch das Gesundheitsamt:

am ____________________, den ____________________ 20....

um ________________________________ Uhr

Adresse: ________________________________

____

, ________________________________

!

„Personen, die gewerbsmäßig folgende Lebensmittel herstellen, behandeln oder in Verkehr bringen ...

1. Fleisch, Geflügelfleisch und Erzeugnisse daraus
2. Milch und Erzeugnisse auf Milchbasis
3. Fische, Krebse oder Weichtiere und Erzeugnisse daraus
4. Eiprodukte
5. Säuglings- oder Kleinkindernahrung
6. Speiseeis und Speiseeishalberzeugnisse
7. Backwaren mit nicht durchgebackener oder durcherhitzter Füllung oder Auflage
8. Feinkost-, Rohkost- und Kartoffelsalate, Marinaden, Mayonnaisen, andere emulgierte Soßen, Nahrungshefen

... und dabei mit ihnen direkt (mit der Hand) oder indirekt über Bedarfsgegenstände (z. B. Geschirr, Besteck und andere Arbeitsmaterialien) in Berührung kommen oder in Küchen von Gaststätten, Restaurants, Kantinen, Cafés oder sonstigen Einrichtungen mit und zur Gemeinschaftsverpflegung tätig sind, benötigen vor erstmaliger Ausübung dieser Tätigkeiten eine Bescheinigung gemäß § 43 Abs. 1 Infektionsschutzgesetz durch ihr Gesundheitsamt." (IfSG)

Informationsblatt

Gesundheitsinformation

▶ **Warum musst du den Termin beim Gesundheitsamt wahrnehmen?**

Wenn du in einer Einrichtung arbeiten willst, in der du mit Geräten, gewerbsmäßig hergestellten Lebensmitteln und Menschen in Kontakt kommst, die diese verzehren oder bearbeiten, benötigst du vom Gesetzgeber eine Belehrung vom Gesundheitsamt über den Schutz vor Ausbreitung von Infektionskrankheiten, die durch Lebensmittel verursacht werden können.
Diese Belehrung ist Voraussetzung für die Bescheinigung, ohne die du deine Praktikumsstelle, z. B. in einem Restaurant oder Kindergarten, gar nicht erst antreten kannst.
Nach der Belehrung durch den Amtsarzt unterschreibst du eine Erklärung, dass du die Informationen des Arztes verstanden und den Inhalt des ausgehändigten Merkblattes gelesen und begriffen hast. Danach unterschreibst du eine Erklärung, dass du über die gesetzlichen Bestimmungen informiert bist und – wenn dem so ist – dir keine Tatsachen für ein Tätigkeitsverbot bekannt sind. Dann erst erhältst du den notwendigen Nachweis für deine Praktikumsstelle.

▶ **Warum müssen diese Vorsichtsmaßnahmen getroffen werden?**

In den im Aushang (s. o.) genannten Lebensmitteln können sich bestimmte Krankheitserreger besonders leicht vermehren. Durch den Verzehr bakteriell verunreinigter Lebensmittel können Menschen an gefährlichen Lebensmittelinfektionen oder -vergiftungen erkranken. Aus diesem Grunde muss von jedem Beschäftigten zum eigenen Schutz und dem der VerbraucherInnen eine strenge Beachtung der Hygieneregeln verlangt werden.

▶ **Wie kannst du zur Verhütung lebensmittelbedingter Infektionen beitragen?**

- Wasche dir vor Arbeitsantritt und nach jedem Toilettenbesuch gründlich die Hände!
- Benutze zum Händetrocknen ausliegende Einweghandtücher oder den elektrischen Handtrockner!
- Schmuck ist eher etwas für die Freizeit!
- Trage die vorgeschriebene Schutzkleidung (Kopfhaube, Kittel, Handschuhe, Schuhe/Überzieher für Innenräume)!
- Huste oder niese nie auf Lebensmittel, sondern in dein Taschentuch!
- Verwende auch bei kleinen Wunden wasserabweisende Pflaster!

▶ **Gesetzliches Tätigkeitsverbot bei bestimmten Infektionskrankheiten:**

Das Infektionsschutzgesetz bestimmt, dass du nicht in der Einrichtung arbeiten darfst, wenn ein Arzt bei dir Krankheitssymptome diagnostiziert hat, die auf eine der folgenden Krankheiten hinweisen:

- Akute infektiöse Gastroenteritis (plötzlich auftretender, ansteckender Durchfall) ausgelöst durch Salmonellen, Shigellen, Cholerabakterien, Staphylokokken, Campylobacter, Rotaviren oder andere Durchfallerreger, Typhus oder Paratyphus, Virushepatitis A oder E (Leberentzündung),

  oder …

Könke, Ilse: Wie finde ich den richtigen Beruf? © Auer Verlag

Informationsblatt

Fortsetzung: **Gesundheitsinformation**

a) Wenn du infizierte Wunden hast oder eine Hautkrankheit, bei denen die Möglichkeit besteht, dass deren Krankheitserreger über Lebensmittel auf andere Menschen übertragen werden können.

b) Wenn die Untersuchung einer Stuhlprobe von dir den Nachweis eines der folgenden Krankheitserreger ergeben hat: Salmonellen, Shigellen, enterohämorrhagische Escherichia, Kolibakterien oder Choleravibrionen.
Es reicht schon, wenn du Bakterien ausscheidest, um im Lebensmittelbereich für die Zeit nicht arbeiten zu dürfen. Du musst dich nicht krank fühlen.

▶ **Folgende Symptome weisen auf die genannten Erkrankungen hin:**

a) Durchfall mit mehr als zwei dünnflüssigen Stühlen pro Tag, gegebenenfalls mit Übelkeit, Erbrechen und Fieber; hohes Fieber mit schweren Kopf-, Bauch- oder Gelenkschmerzen und Verstopfung (erst nach Tagen folgt schwerer Durchfall) sind Zeichen für Typhus und Paratyphus.

b) Typisch für Cholera sind milchigweiße Durchfälle mit hohem Flüssigkeitsverlust.

c) Gelbfärbung der Haut und der Augäpfel mit Schwäche und Appetitlosigkeit weisen auf eine Hepatitis A oder E hin.

d) Wunden oder offene Stellen von Hauterkrankungen können infiziert sein, wenn sie gerötet, schmierig belegt, nässend oder geschwollen sind.

Treten bei dir die genannten Krankheitszeichen auf, nimm unbedingt den Rat deines Haus- oder Betriebsarztes in Anspruch! Sage ihm auch, dass du in einem Lebensmittelbetrieb arbeitest. Außerdem bist du verpflichtet, unverzüglich deinen Praktikumsbetrieb und deine Schule über die Erkrankung zu informieren (IfSG).

Diese Informationen ersetzen nicht die Belehrung nach der Lebensmittelhygiene-Verordnung durch das Gesundheitsamt!

Informationsblatt

Unfallschutz

► Allgemeine Regeln zur Unfallverhütung

Da, wo gearbeitet wird, kann es durch Unachtsamkeit zu Unfällen kommen. Die Folgen können beträchtlich sein und zu Berufsunfähigkeit führen. Um dem vorzubeugen, sind die Mitarbeiter der Unternehmen genauestens über die Gefahrenquellen und Unfallverhütung informiert.
Du aber als PraktikantIn kennst dich nicht so gut aus und kannst deshalb mögliche Gefahren noch nicht richtig einschätzen.
Informiere dich deshalb bei deiner Praktikumsbetreuung über gängige Sicherheits- und Unfallverhütungsvorschriften!

Beachte außerdem grundsätzlich folgende Hinweise:

- Halte dich genau an die Anweisungen und unternimm nichts auf eigene Faust!
- Hantiere nicht an Maschinen, in deren Handhabung du nicht ausdrücklich eingewiesen wurdest. Denn schon beim Einschalten können Unfälle geschehen!
- Entferne nie Schutzvorrichtungen und Sicherheitseinrichtungen! Auch nicht an Maschinen, an denen du schon arbeiten darfst! Sonst sind der Unfall- und Versicherungsschutz nicht mehr gewährleistet.
- Schütze dich mit vorgeschriebener und zur Verfügung gestellter Sicherheitskleidung, wie z. B. Schutzbrille, Helm, Gehörschutz, Arbeitsschuhe usw.!
- Achte auf umherfahrende Betriebsfahrzeuge und darauf, den Arbeitsablauf nicht zu behindern.

► Hygienevorschriften

Solltest du in einem Unternehmen arbeiten, in dem es besondere Hygienevorschriften gibt, so lasse dich genau darüber informieren und mache dir dazu Notizen.

Könke, Ilse: Wie finde ich den richtigen Beruf? © Auer Verlag

Arbeitsblatt

Betriebliche Hinweisschilder

Beachte die betrieblichen Hinweisschilder und stelle dein Verhalten darauf ein. Wenn du nicht weißt, welche Bedeutung sie haben, informiere dich.

Einige der Schilder sind nachfolgend abgebildet. Schreibe unter jedes Schild, was es aussagt.

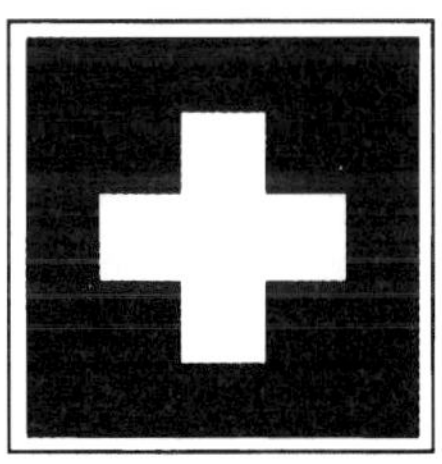

Betriebliche Hinweisschilder: Lösung

Rauchen verboten!

Feuer, offenes Licht und Rauchen verboten!

Mobilfunk verboten!

Warnung vor Radioaktivität!

Warnung vor ätzenden Stoffen!

Warnung: elektromagnetisches Feld!

Fluchtweg!

Erste Hilfe!

Notruftelefon!

Schutzhelm benutzen!

Hinweis: Vor dem Öffnen Netzstecker ziehen!

Gesichtsschutz benutzen!

Könke, Ilse: Wie finde ich den richtigen Beruf? © Auer Verlag

Informationsblatt

Wissenswertes für den Notfall

► **Im Krankheitsfall:**
Benachrichtige noch vor Arbeitsbeginn telefonisch deine Praktikumsstelle. Die Schule muss ebenfalls in Kenntnis gesetzt werden.
Solltest du über einen längeren Zeitraum krank sein, lasse dir von deinem behandelnden Arzt ein Attest ausstellen, das der Schule zugeschickt wird!

► **Bei einem Betriebsunfall:**
Suche nach der medizinischen Erstversorgung auch sicherheitshalber deinen Hausarzt auf.
Melde den Unfall danach der Schule, damit sie den Unfall der Schülerunfallversicherung weitermelden kann, die dann für die Kostenbegleichung eintritt.
Fertige – so schnell wie möglich – für die Versicherung eine Unfallbeschreibung an und benenne darin auch Zeugen, die den Vorfall gesehen haben oder beteiligt gewesen sind.

Das ist auch erforderlich, falls du auf dem direkten Weg zur Praktikumsstelle oder auf dem direkten Weg von der Praktikumsstelle nach Hause einen Unfall erleiden solltest!
Dein Versicherungsschutz gilt *nur* für den Weg von und zur Praktikumsstelle und während der Arbeit im Unternehmen. Wenn du auf dem Heimweg noch schnell bei Freunden vorbeischauen willst, bist du nicht mehr über die Schülerunfallversicherung geschützt!

► **Bei Beschädigung wertvoller Einrichtungen** (z. B. Maschinen):
Melde das sofort deinen BetreuerInnen. Sie werden wissen, was in einem solchen Fall zu tun ist.
Ansonsten halte dich an die Anweisungen, die dir gegeben werden.

► **Wenn dir deine Praktikumsstelle partout nicht gefällt:**
Solltest du das schon in den ersten Tagen herausfinden, dann überlege zunächst einmal, womit das zusammenhängt, bevor du aufgibst.
Suche unbedingt das Gespräch mit der/dem dich betreuenden LehrerIn, um für Abhilfe und Klärung zu sorgen. Warte nicht auf den ersten Besuchstermin! Bedenke aber: Später im Berufsleben läuft auch nicht immer alles nach Wunsch. Nutze die Praktikumszeit, um möglichst viel über deinen derzeitigen Traumberuf in Erfahrung zu bringen, damit du herausfinden kannst, ob er wirklich dein Traumberuf ist und später nicht zum Albtraum wird!

► **Wenn dir deine Praktikumsstelle gefällt:**
Hinterlasse einen positiven Eindruck und bedenke, dass du in diesem Unternehmen einen Ausbildungsplatz bekommen könntest, deshalb:

- Sei morgens pünktlich an deinem Arbeitsplatz! Verlässlichkeit ist eine gute Ausgangsbasis.
- Führe die an dich gestellten Aufgaben sorgfältig und verantwortungsbewusst durch!
- Bitte nach Beendigung einer Aufgabe von dir aus um eine neue. Das signalisiert Einsatzfreude.
- Stelle Fragen, wenn du etwas wissen möchtest und Informationen brauchst. Fragen sind ein Zeichen für Interesse.
- Wenn du deine Praktikumsmappe mit Firmenmaterial (Prospekten, Proben u. Ä.) ausstatten möchtest, bitte ausdrücklich darum! Das stärkt gegenseitiges Vertrauen.
- Durch Höflichkeit und einen angemessenen Umgangston kannst du zu einem guten Arbeitsklima beitragen. So wird man sich gern an dich erinnern.

Informationsblatt

Jugendarbeitsschutzgesetz (JArbSchG)

Die Aufgabe des Jugendarbeitsschutzgesetzes (Gesetz zum Schutz der arbeitenden Jugend) besteht darin, Kinder und Jugendliche vor Überforderung und Gefahren am Ausbildungs- und Arbeitsplatz zu schützen. Dazu gehört z. B. die Gewährleistung von ausreichender Freizeit (mindestens 12 Stunden nach Beendigung der täglichen Arbeitszeit).

- **Geltungsbereich** (§§ 1 und 2):
  Das Gesetz gilt für die Beschäftigung von Kindern (unter 15 Jahre) und Jugendlichen (unter 18 Jahre) in der Berufsausbildung, als Arbeitnehmer oder in anderen Beschäftigungsverhältnissen.
  Den gleichen Schutz wie Kinder genießen vollzeitschulpflichtige Jugendliche, die ein Betriebspraktikum absolvieren.

- **Beschäftigung** (§§ 5, 6 und 7):
  Die Beschäftigung von Kindern und vollzeitschulpflichtigen Jugendlichen ist verboten.
  Ausnahmen:
  - Tätigkeiten im Rahmen des schulischen Betriebspraktikums.
  - leichte und gesellschaftlich anerkannte Tätigkeiten von jungen Menschen zwischen 13 und 16 Jahren mit der Zustimmung der Erziehungsberechtigten.

- **Mindestalter** (§§ 5, 6, 7):
  Das Mindestalter für eine reguläre Beschäftigung im Betrieb beträgt 15 Jahre. Jugendliche unter 15 Jahre, die nicht mehr der Vollzeitschulpflicht unterliegen, dürfen im Rahmen einer Berufsausbildung beschäftigt werden. Außerhalb eines Berufsausbildungsverhältnisses dürfen sie nur mit leichten Arbeiten und für sie geeigneten Tätigkeiten (bis zu sieben Stunden täglich und 35 Stunden wöchentlich) beschäftigt werden.

- **Arbeitszeiten** (§§ 8 und 14):
  Jugendliche dürfen grundsätzlich nicht mehr als acht Stunden täglich und 40 Stunden wöchentlich beschäftigt werden, wobei die Erholungspausenzeit bereits in diesen acht Stunden enthalten ist. Als Pause gilt eine Arbeitsunterbrechung von mindestens 15 Minuten. Jugendliche dürfen nicht länger als 4,5 Arbeitsstunden ohne Unterbrechung arbeiten. Bei einer Arbeitszeit von bis zu 6 Stunden täglich haben Jugendliche einen Anspruch auf eine 30-minütige Pause. Bei einer Arbeitszeit von täglich mehr als sechs Stunden verlängert sich die Pause auf 60 Minuten.

  Ausnahmen: Um beispielsweise freitags ein früheres Arbeitsende zu ermöglichen, kann die tägliche Arbeitszeit von Montag bis Donnerstag auch bis zu achteinhalb Stunden betragen. Jugendliche dürfen grundsätzlich nur in der Zeit von sechs bis 20 Uhr beschäftigt werden.
  Bei Berufen mit besonderen Bedingungen, wie z. B. in Bäckereien, dürfen 16-Jährige bereits um fünf Uhr und 17-Jährige um vier Uhr morgens beginnen. Entsprechende Regelungen gelten für die Landwirtschaft oder das Hotel- und Gaststättengewerbe.

- **Fünf-Tage-Woche** (§§ 15, 16 und 17):
  Jugendliche dürfen nur an fünf Tagen in der Woche und nicht an Samstagen, Sonntagen oder Feiertagen beschäftigt werden.

Könke, Ilse: Wie finde ich den richtigen Beruf? © Auer Verlag

Informationsblatt

Fortsetzung: **JArbSchG**

Ausnahmen sind z. B. für Krankenanstalten, Familienhaushalte, das Hotel- und Gaststättengewerbe oder das Verkehrswesen möglich. Für eine Beschäftigung am Samstag oder Sonntag ist allerdings an einem berufsschulfreien Arbeitstag derselben Woche ein Ausgleich zu schaffen.

► **Gefährliche Arbeiten/Akkordarbeit** (§§ 22 und 23):
Jugendliche dürfen nicht mit gefährlichen Arbeiten beschäftigt werden, die ihre Leistungsfähigkeit übersteigen, die mit besonderen Unfallgefahren oder gesundheitlichen Belastungen verbunden sind (außergewöhnliche Hitze, Kälte, Nässe, Lärm, Erschütterungen, Strahlenbelastung, gefährliche Arbeitsstoffe).

Der Jugendliche ist vor Beginn der Beschäftigung auf mögliche Unfallgefahren und gesundheitliche Beeinträchtigungen aufmerksam zu machen, und es ist darauf hinzuweisen, wie diese Gefahren abgewendet werden können.
Für ausreichende Aufsicht und Betreuung durch erwachsenes Fachpersonal ist zu sorgen.
Ebenso sind für bestimmte Tätigkeiten Schutzausrüstungen (Kopf-, Gehör- und Augenschutz sowie Sicherheitsschuhe) zur Verfügung zu stellen.

Alle Formen der Akkordarbeit sind für Jugendliche verboten.

http://Bundesrecht.juris.de/bundesrecht/jarbschg/

Arbeitsblatt

Erwartungen an das Praktikum

Die unten aufgeführten Fragen kannst du als Impulsgeber nutzen.
Du kannst deine Assoziationen (Gedankenverknüpfungen) zu den jeweiligen Fragen unten stichwortartig notieren, um dann beim Schreiben des zusammenhängenden Textes darauf zurückgreifen zu können.

- Was weißt du schon über den Betrieb, in dem du dein Praktikum absolvieren wirst?

___

___

___

- Was willst du auf jeden Fall über den Betrieb erfahren?

___

___

___

- Was, vermutest du, werden deine Aufgaben sein?

___

___

___

- Wird es eine Aufgabe geben, für die du allein verantwortlich sein wirst? Worum wird es sich dabei handeln?

___

___

___

___

- Welchen physischen oder psychischen Belastungen wirst du vermutlich ausgesetzt sein?

___

___

___

___

Könke, Ilse: Wie finde ich den richtigen Beruf? © Auer Verlag

Arbeitsblatt

Fortsetzung: **Erwartungen an das Praktikum**

- Mit wem wirst du zusammenarbeiten? Wer gehört voraussichtlich zu deinem Team?

____

____

____

____

- Wie stellst du dir den Umgang mit Kunden/Patienten/Klienten/Kindern vor?

____

____

____

____

- Wie lange werden deine Arbeitszeiten, wie lange deine Pausen sein?

____

____

____

____

- Was sind deine Befürchtungen im Zusammenhang mit deinem Praktikum?

____

____

____

____

- Sonstiges:

____

____

____

____

Arbeitsblatt

Schildere in einem zusammenhängenden Text, was du von deinem Praktikum erwartest.

Meine Erwartungen an das Praktikum

Könke, Ilse: Wie finde ich den richtigen Beruf? © Auer Verlag

Informationsblatt

Praktikumsmappe

► **Äußere Form:**
- Schreibe den Praktikumsbericht am Computer. Dann kannst du die Texte immer wieder korrigieren und ihnen den Feinschliff geben.
- Sichere das Geschriebene auf USB-Stick oder brenne es auf CD-ROM. Dann hast du das Material schon mal sicher für den „Fall der Fälle".
- Drucke den gesamten Text auf weißem DIN-A4-Papier aus.
- Stelle die Texte in der Mappe inhaltlich gut strukturiert zusammen. Überlege dir eine sinnvolle Reihenfolge.
- Wenn du die beschriebenen Seiten und Materialien in Klarsichthüllen verpackst, wirkt die Mappe ansprechender und professioneller. Das ist ein gutes Vorabtraining für die spätere Bewerbungsmappe.

► **Inhalt**

Titelseite:	• Das äußere Erscheinungsbild sollte bereits auf den Inhalt hinweisen.
Seite 1	• Inhaltsverzeichnis
Seite 2	• Daten zum Praktikum
Seite 3	• Tabellarischer Lebenslauf mit Foto
Seite 4	• Bewerbungsschreiben an die Praktikumsstelle (evtl. mit Anwortschreiben)
Seite 5	• Deine Erwartungen an das Praktikum
Seite 6–12	• Deine Praktikumsstelle (Interviewbogen)
Seite 13	• Erster Wochenbericht
Seite 14	• Zweiter Wochenbericht
Seite 15	• Dritter Wochenbericht
	(mit Detailbeschreibungen deiner Tätigkeiten, jeweils 1 Seite/12 pt)
Seite 16	• Ausführlicher Tagesbericht („Ein ganz normaler Arbeitstag", 1 Seite, 12 pt)
Seite 17–19	• Berufsbild (Fragebogen)
Seite 20	• Skizze/Fotos von deinem persönlichen Arbeitsbereich (mit Beschriftung)
Seite 21	• Rückschau/Bewertung des Praktikums
Seite 22–...	• Anhang (Arbeits-/Materialproben, Fotos, ...)

➡ **Wichtig!** Kontrolliere vor dem Abgeben, ob
- alle Anforderungen bedacht sind (siehe oben),
- die Seiten nummeriert sind,
- das Rechtschreibprogramm genutzt wurde.

Verbindlicher Abgabetermin:

Praktikumsmappe

► Mappe	• gilt als Arbeitsnachweis. • ist Beweis dafür, dass Informationen beschafft und verarbeitet werden können. • beweist die Fähigkeit, Beobachtungen in Worte/Sätze fassen zu können. • dient dem Einüben von Ordnung, Sauberkeit, Kreativität und Gewissenhaftigkeit bei der Anfertigung wichtiger Unterlagen zu einer neuen, gut strukturierten Präsentationsmappe.
► „Wichtige Daten"	• Das Formular (S. 70) informiert im Notfall auf einen Blick über alle relevanten Daten.
► Foto	• Foto bei einem Fotografen anfertigen, nicht am Automaten! • Mehrere Fotos (Digitalkamera) schaffen Auswahlmöglichkeit, um das vorteilhafteste Foto für die Bewerbung aussuchen zu können. • Ein Schwarz-Weiß-Foto wirkt interessanter und lässt mehr Raum für Interpretationsmöglichkeiten durch den Betrachter. • Gepflegte und dezente Kleidung, Frisur, Make-up. • Ein freundliches Lächeln weckt Sympathie beim Betrachter.
► Tabellarischer Lebenslauf	• Die Lehrkraft, die in der Klasse das Fach Deutsch unterrichtet, sollte den SchülerInnen zeigen, wie man sowohl einen tabellarischen als auch einen ausführlichen Lebenslauf schreibt.
► Bewerbungs-schreiben	• Außerdem sollten die verschiedenen Möglichkeiten, Bewerbungen zu formulieren, besprochen werden.
► Erwartungen	• Die Erwartungen bzgl. des Praktikums werden *vor* selbigem aufgeschrieben, um später ohne Schummelei vergleichen und reflektieren zu können, ob sich zwischen Erwartungen und Erfahrungen Unterschiede zeigen und welche es sind.
► Praktikumsstelle	• Der Interviewbogen kann z. T. *vor Antritt* des Praktikums ausgefüllt werden, da bereits im Vorfeld durch die Suche nach der geeigneten Praktikumsstelle recherchiert, Gespräche mit MitarbeiterInnen geführt, Prospektmaterial und Internetseiten gesichtet wurden und somit zahlreiche Informationen über das Unternehmen/die Einrichtung bekannt sind. Fragen, die auf die Praktikumsstelle nicht zutreffen, werden mit Lineal (!) durchgestrichen. Das ist eine wichtige Vorübung, wenn es später im Zusammenhang mit der beruflichen Bewerbung darum geht, Vorabinformationen zum Betrieb/Unternehmen der Wahl zu sammeln, um damit beim Einstellungsgespräch glänzen zu können. Der Praktikumsstelle kann der Hinweis gegeben werden, den Interviewbogen als Beleg und für nachfolgende PraktikantInnen zu kopieren.

Könke, Ilse: Wie finde ich den richtigen Beruf? © Auer Verlag

Fortsetzung: **Praktikumsmappe**

▶ Tages-/ Wochenberichte

- Für die Berichterstattung ist es erforderlich, dass die Fachkraft für Deutsch noch einmal gezielt Vorgangsbeschreibungen wiederholt, damit die Erfahrungen der SchülerInnen durch Detailgenauigkeit informativ wiedergegeben und für Außenstehende nachvollziehbar werden.

▶ Berufsbild

- Hier handelt es sich um eine Erweiterung des Inhaltes des Plakates über den Traumberuf, das bereits in der Vorbereitungsphase angefertigt wurde (S. 22). Ergänzend zu angelesenem Wissen kommen jetzt eigene Erfahrungen sowie die Kenntnisse von Insidern hinzu.
- Wegen der aktuellen Wirtschaftslage ist die Frage nach der Ergänzungs- und Ausbaufähigkeit des anvisierten Berufszieles besonders wichtig.
- Flexibilität und Kreativität in Bezug auf die „Erfindung" neuer Berufe und Dienstleistungen sind gefragt.

▶ Skizze/Fotos vom Arbeitsbereich

- Fotos als Ergänzung zum Geschriebenen dürfen nur mit Erlaubnis angefertigt werden!

▶ Rückschau/ Bewertung

- Die SchülerInnen vergleichen ihre Erwartungen mit ihren Erfahrungen.
- Sie wägen kritisch ab, ob der Traumberuf den eigenen Vorstellungen standhält oder die gewonnene Erkenntnis dazu genutzt werden kann, ein geeigneteres Betätigungsfeld zu suchen und/oder ggf. einen Ausbildungsweg einzuschlagen, der vorher nicht in Erwägung gezogen worden war.

Informationsblatt

Praktikumsbericht: Leitfaden

Formales
- Größe: DIN A4
- einseitig beschriftet
- Schrift: Arial, Schriftgröße 12 pt
- Absätze bei neuen Gedanken oder Vorgängen machen Text besser lesbar
- 3 cm Rand
- ca. 10 Seiten (ohne Anhang)

Inhaltliches
- Der Bericht soll für den von dir bevorzugten Arbeitsbereich Interesse wecken und einen lebendigen Einblick vermitteln, sodass die von dir gemachten Erfahrungen auch für Außenstehende nachvollziehbar werden.
- Welche Erfahrungen waren für dich wichtig? Veranschauliche sie durch Fallbeispiele, aber halte dich grundsätzlich an die gesetzlichen Datenschutzbestimmungen! Offenbare keine Daten oder Namen!
- Benenne die allgemeinen Aufgaben und Charakteristika der jeweiligen Abteilungen, in denen du gearbeitet hast!
- Notiere die täglichen Arbeits- und Pausenzeiten sowie die Stundenzahl allgemein.
- Beschreibe die Tätigkeiten, die du während des Praktikums ausgeführt hast!
- Welche neuen Fähigkeiten hast du während deines Praktikums erworben?
- Welche Qualifikationen, körperliche, geistige und soziale Anforderungen sind für diese Tätigkeiten erforderlich?
- Regelmäßig wiederkehrende Aufgaben kannst du im Tagesbericht einmal ausführlich beschreiben: genaue Reihenfolge der Routinearbeiten mit präziser Beschreibung des Vorgangs, verwendeter Materialien, benutzter Werkzeuge und ihre Handhabung.
- In den Wochenberichten gehst du eher auf zusätzliche Erfahrungen, Arbeitsabläufe (→ Verlaufsplanung!) und Arbeitsergebnisse ein: Erkläre z.B. als angehender „Kfz-Mechaniker“ einem Laien genau das Wechseln von Bremsbelägen, das Auswuchten eines Reifens, eine Inspektion o.Ä., als angehende „Krankenschwester“ das Legen einer Infusion, das Anbringen eines Verbandes, das Messen des Pulses usw., als angehende „Einzelhandelskauffrau“ das Auspreisen einer Ware, den Kassier- oder Reklamiervorgang, eine Kundenberatung usw. Fachbegriffe müssen erklärt werden (Lexikon, Internet).
- Abschließende Skizzen und Fotos können deine Darstellungen unterstützen.
- Verfasse die Wochenberichte im Tagebuchformat oder reihe die einzelnen Tage/Abschnitte in Erzählform sinnvoll aneinander, sodass ein roter Faden in deinem Bericht erkennbar wird.

Allgemeine Tipps
- Erledige alle (Schul-)Aufgaben so früh wie möglich, also noch am jeweiligen Tag/Abend!
- Nutze einen Block oder ein Heft als Gedächtnisstütze, um wichtige Beobachtungen im Laufe des Tages notieren zu können!
- Scheue dich nicht, zu fragen, wenn du etwas nicht verstehst!
- Nutze die Gelegenheit, um mit deinen BetreuerInnen bereits fertiggestellte Teile deines Praktikumsberichts zu besprechen!

Könke, Ilse: Wie finde ich den richtigen Beruf? © Auer Verlag

Arbeitsblatt

Praktikumsbericht: Tagesbericht

Aufgabe 1 (Einzelarbeit):

Lies die vorliegenden Praktikumstagesberichte von SchülerInnen deiner Jahrgangsstufe sorgfältig durch und markiere anschließend die Texte mit unterschiedlichen Farbstiften unter Berücksichtigung folgender Fragestellungen:

1. Welche Erfahrungen haben die SchülerInnen an ihrer Praktikumsstelle gemacht? (z.B. rot)
2. Zu welchen Tätigkeiten wurden sie herangezogen? (z.B. grün)

Tagesbericht A

Montag, 25. Januar ....

Ich bin um 8.00 Uhr in meinem Praktikumsbetrieb erschienen. Dort wurde ich mit den Rechtsanwälten Herrn D. und Herrn U. und den Mitarbeiterinnen bekannt gemacht. Danach zeigte mir meine Kontaktperson die Kanzlei.

Meine erste Arbeit an diesem Tage war, Akten nach dem Alphabet in die Hängeregistratur einzuordnen. Zuvor hatte Herr RA D. die Fristen in den Akten verlängert, diese wurden dann in den Kalender eingetragen.

Um 9.00 Uhr bin ich mit einer Auszubildenden zur Post gegangen. Dort leerten wir das Schließfach und kontrollierten die Post daraufhin, ob sie auch für das Büro bestimmt war.

Als wir wieder in der Kanzlei waren, machten wir erst einmal eine Frühstückspause. Danach wurde die Post geöffnet und mit einem Eingangsstempel versehen.

Als Nächstes wurden zu den Eingängen die passenden Akten herausgesucht, diese wurden dann dem jeweiligen Rechtsanwalt vorgelegt.

Ich bin dann gegen 11.00 Uhr wieder mit einer anderen Auszubildenden zu den Banken gegangen. Dort holten wir die Kontoauszüge und leerten die Schließfächer.

Anschließend gaben wir die Kontoauszüge Frau D., die für die Buchhaltung zuständig ist. Danach teilte mir Herr RA D. mit, dass ich alle Notariatsakten aus dem Beurkundungszimmer heraussuchen sollte. (...)

Tagesbericht B

Montag, 25. Januar ....

Am ersten Tag kam ich kurz vor 8.00 Uhr mit vier anderen Praktikanten an der BeSa an. Wir stellten uns dem Pförtner am Eingang vor und mussten zunächst unsere Namen und die Ankunftszeit eintragen. Da wir noch nicht wussten, wo die Werkstatt ist, und auch aus Sicherheitsgründen nicht allein über das Werksgelände gehen durften, musste er telefonisch den Abteilungsleiter benachrichtigen. Der schickte einen Auszubildenden, der uns dann zur Werkstatt begleitete. Zur eigenen Sicherheit mussten wir noch Helme aufsetzen. In der Werkstatt stellte sich Herr Schröder, der Ausbildungsleiter, uns vor und zeigte uns die Räumlichkeiten und unseren Arbeitsplatz. Jeder von uns bekam noch sein eigenes Werkzeug, mit dem wir die einzelnen Aufgaben zu meistern hatten. Er gab uns anschließend die erste Aufgabe: Wir mussten vier verschiedene Größen von Leitungsenden à fünf Stück herstellen. Er erklärte und zeigte uns anhand eines Beispiels, wie man das macht. Nach der Pause fuhren wir mit der gleichen Aufgabe fort. Kurz nach 11.00 Uhr waren wir dann mit dem Herstellen von Leitungsenden fertig. Nun mussten wir diese auf ein rechtwinkliges Gitter befestigen. Gegen 12.20 Uhr waren wir schließlich mit der gestellten Aufgabe fertig. Nachdem wir unseren Arbeitplatz gesäubert hatten, konnten wir nach Hause gehen.

Arbeitsblatt

Praktikumsbericht: Tagesbericht

Tagesbericht C:

Montag, 25. Januar ....

Um 8.00 Uhr kam ich im Herz-Jesu-Kindergarten an, wo mich die Leiterin herzlich begrüßte und einer Gruppe zuwies. Dort angekommen, beschäftigte ich mich gleich mit den schon anwesenden Kindern. Zusammen mit ihnen begann ich mit dem Auffädeln einer Perlenkette.
Einige Zeit später kamen Karin und Corinna, die beiden Erzieherinnen, in die Gruppe. Die Kinder rannten auf Corinna zu und gratulierten ihr zum Geburtstag. Dann konnte ich mich ihnen vorstellen.
Mit den Kindern Max, Vanessa, Melissa und Fabian malte und bastelte ich kleine Geschenke für Corinna.
Um 10.00 Uhr begannen wir mit dem Aufräumen. Da es zur Feier des Tages überbackenen Toast gab, bildeten wir einen gemeinsamen Frühstückstisch und nach dem gemeinsamen Gebet „Jedes Vöglein..." fingen wir zu essen an.
In der Küche half ich nach dem Frühstück, das schmutzige Geschirr in die Spülmaschine zu räumen.
Danach ging ich mit den Kindern nach draußen, wo ich mit ihnen zusammen verschiedene Spiele, wie z.B. Verstecken, Knackwurst und Fangen, spielte.
Nach dem Spielen im Freien sammelten wir uns im Gruppenraum, um dort gemeinsam im Stuhlkreis Geburtstagslieder zu singen.
Corinna hatte für jedes Kind ein kleines Buch und Süßigkeiten mitgebracht und nutzte jetzt die Gelegenheit, die kleinen Geschenke auszuteilen. Für mich und Karin hatte sie Pralinen. Von den Kindern bekam sie einen mit Federn geschmückten Traumfänger, den die Kinder in mühevoller Arbeit für sie hergestellt hatten.
Die Kinder wurden dann nach und nach von ihren Eltern gegen 12.00 Uhr abgeholt. Um 12.30 Uhr waren alle Kinder fort und nun konnte ich zur Mittagspause nach Hause gehen.
(...)

Aufgabe 2 (Gruppenarbeit):

1. Finde dich jetzt mit zwei weiteren SchülerInnen zur **Gruppenarbeit** zusammen.
2. Tauscht euch über die in der Einzelarbeit gefundenen Tätigkeiten und Erfahrungen der jeweiligen PraktikantInnen aus und tragt die Merkmale arbeitsteilig in die dafür vorbereitete **Tabelle** ein.
3. Findet dann heraus, **wodurch sich die Berichte voneinander unterscheiden**. Geht bei der Untersuchung der Tagesberichte mithilfe von W-Fragen vor! (Was? Wie? Wer? Wo? Wann?)
   a) Wodurch unterscheiden sie sich in der **äußeren Form**?
   b) Wie unterscheiden sie sich vom **Inhalt** her?
4. Sind eurer Meinung nach die Tagesberichte so formuliert, dass Außenstehenden der **zeitliche Ablauf** des Tages/des Arbeitsvorganges nachvollziehbar wird?
   ➔ **Schaut in eure Tabelle!**

Könke, Ilse: Wie finde ich den richtigen Beruf? © Auer Verlag

Tagesberichte im Vergleich

	Erfahrungen/ Beobachtungen	eigene Tätigkeiten	äußere Form	Inhalt
Antonio				
Boris				
Corinna				

Praktikumsbericht: Tagesbericht

Aufgabe 1 (Einzelarbeit):

Lies die vorliegenden Praktikumstagesberichte von SchülerInnen deiner Jahrgangsstufe sorgfältig durch und markiere anschließend die Texte mit unterschiedlichen Farbstiften unter Berücksichtigung folgender Fragestellungen:

1. Welche Erfahrungen haben die SchülerInnen an ihrer Praktikumsstelle gemacht? (z.B. rot, hier unterstrichen dargestellt)
2. Zu welchen Tätigkeiten wurden sie herangezogen? (z.B. grün, hier fett gedruckt dargestellt)

Tagesbericht A

Montag, 25. Januar ....

Ich bin um 8.00 Uhr in meinem Praktikumsbetrieb erschienen. Dort wurde ich mit den Rechtsanwälten Herrn D. und Herrn U. und den Mitarbeiterinnen bekannt gemacht. Danach zeigte mir meine Kontaktperson die Kanzlei.

*Meine erste Arbeit an diesem Tage war, **Akten nach dem Alphabet in die Hängeregistratur einzuordnen. Zuvor hatte Herr RA D. die Fristen in den Akten verlängert**, diese wurden dann **in den Kalender eingetragen.***

*Um 9.00 Uhr bin ich mit einer Auszubildenden **zur Post gegangen**. Dort **leerten wir das Schließfach und kontrollierten die Post** daraufhin, ob sie auch für das Büro bestimmt war.*

*Als wir wieder in der Kanzlei waren, machten wir erst einmal eine Frühstückspause. Danach wurde **die Post geöffnet und mit einem Eingangsstempel versehen.***

*Als Nächstes wurden **zu den Eingängen die passenden Akten herausgesucht, diese wurden dann dem jeweiligen Rechtsanwalt vorgelegt.***

*Ich bin dann gegen 11.00 Uhr wieder mit einer anderen Auszubildenden **zu den Banken gegangen. Dort holten wir die Kontoauszüge und leerten die Schließfächer.***

*Anschließend **gaben wir die Kontoauszüge Frau D.**, die für die Buchhaltung zuständig ist. Danach teilte mir Herr RA D. mit, dass ich alle **Notariatsakten** aus dem Beurkundungszimmer **heraussuchen** sollte. (...)*

Bewertung von Tagesbericht A

Positives:

- Datenschutz bei Namen wurde beachtet!
- Absätze machen den Text gut lesbar!
- Sinnabschnitte weisen auf einen neuen Zusammenhang hin.

Negatives:

- als Schrifttyp besser „Arial" in der Schriftgröße 12pt
- nicht ständig: dann, danach, daraufhin, ...
- genaue Vorgangsbeschreibung fehlt, z.B. beim Einordnen der Akten

Praktikumsbericht: Tagesbericht

Tagesbericht B

Montag, 25. Januar ....

Am ersten Tag kam ich kurz vor 8.00 Uhr mit vier anderen Praktikanten an der BeSa an. **Wir stellten uns dem Pförtner am Eingang vor** und mussten zunächst unsere Namen und die Ankunftszeit eintragen. Da wir noch nicht wussten, wo die Werkstatt ist, und auch aus Sicherheitsgründen nicht allein über das Werksgelände gehen durften, musste er telefonisch den Abteilungsleiter benachrichtigen. Der schickte einen Auszubildenden, der uns dann zur Werkstatt begleitete. Zur eigenen Sicherheit mussten wir noch Helme aufsetzen. In der Werkstatt stellte sich Herr Schröder, der Ausbildungsleiter, uns vor und zeigte uns die Räumlichkeiten und unseren Arbeitsplatz. Jeder von uns bekam noch sein eigenes Werkzeug, mit dem wir die einzelnen Aufgaben zu meistern hatten. Er gab uns anschließend **die erste Aufgabe: Wir mussten vier verschiedene Größen von Leitungsenden à fünf Stück herstellen**. Er erklärte und zeigte uns anhand eines Beispiels, wie man das macht. Nach der Pause fuhren wir mit der gleichen Aufgabe fort. Kurz nach 11.00 Uhr waren wir dann mit dem Herstellen von Leitungsenden fertig. Nun mussten wir diese **auf ein rechtwinkliges Gitter befestigen**. Gegen 12.20 Uhr waren wir schließlich mit der gestellten Aufgabe fertig. Nachdem wir unseren **Arbeitplatz gesäubert** hatten, konnten wir nach Hause gehen.

Bewertung von Tagesbericht B

Positives:

- beschreibend erzählt

Negatives:

- zu kleine Schrift, schlechter lesbar
- Absätze fehlen
- ausführliche Vorgangsbeschreibung fehlt, z.B. beim Herstellen eines Leitungsendes

---

Tagesbericht C.

Montag, 25. Januar ....

Um 8.00 Uhr kam ich im Herz-Jesu-Kindergarten an, wo mich die Leiterin herzlich begrüßte und einer Gruppe zuwies. Dort angekommen, **beschäftigte ich mich gleich mit den schon anwesenden Kindern**. Zusammen mit ihnen begann ich mit dem **Auffädeln einer Perlenkette**.

Einige Zeit später kamen Karin und Corinna, die beiden Erzieherinnen, in die Gruppe. Die Kinder rannten auf Corinna zu und gratulierten ihr zum Geburtstag. Dann konnte ich mich ihnen vorstellen.

Mit den Kindern Max, Vanessa, Melissa und Fabian **malte und bastelte ich kleine Geschenke** für Corinna.

Um 10.00 Uhr begannen wir mit dem **Aufräumen**. Da es zur Feier des Tages überbackenen Toast gab, **bildeten wir einen gemeinsamen Frühstückstisch** und nach dem gemeinsamen Gebet „Jedes Vöglein..." fingen wir zu **essen** an.

In der Küche **half** ich nach dem Frühstück, **das schmutzige Geschirr in die Spülmaschine zu räumen**.

Danach ging ich mit den Kindern nach draußen, wo ich mit ihnen zusammen verschiedene **Spiele,** wie z.B. Verstecken, Knackwurst und Fangen, **spielte**.

Nach dem Spielen im Freien **sammelten wir uns im Gruppenraum, um dort gemeinsam im Stuhlkreis Geburtstagslieder zu singen**.

Material für LehrerInnen

Praktikumsbericht: Tagesbericht

Fortsetzung Tagesbericht C

Corinna hatte für jedes Kind ein kleines Buch und Süßigkeiten mitgebracht und nutzte jetzt die Gelegenheit, die kleinen Geschenke auszuteilen. Für mich und Karin hatte sie Pralinen. Von den Kindern bekam sie einen mit Federn geschmückten Traumfänger, den die Kinder in mühevoller Arbeit für sie hergestellt hatten.
Die Kinder wurden dann nach und nach von ihren Eltern gegen 12.00 Uhr abgeholt. Um 12.30 Uhr waren alle Kinder fort und nun konnte ich zur Mittagspause nach Hause gehen. (...)

Bewertung von Tagesbericht C

Positives:

- Schriftgröße ist gut lesbar

Negatives:

- Leerzeilen fehlen zwischen den Absätzen!
- Aneinanderreihung der Tätigkeiten durch 8.oo / 10.oo / Dann / Danach ...
- genaue Vorgangsbeschreibung fehlt, z.B. beim Auffädeln einer Perlenkette

Aufgabe 2 (Gruppenarbeit):

1. Finde dich jetzt mit zwei weiteren SchülerInnen zur **Gruppenarbeit** zusammen.
2. Tauscht euch über die in der Einzelarbeit gefundenen Tätigkeiten und Erfahrungen der jeweiligen PraktikantInnen aus und tragt die Merkmale arbeitsteilig in die dafür vorbereitete **Tabelle** ein.
3. Findet dann heraus, wodurch sich die Berichte voneinander unterscheiden. Geht bei der Untersuchung der Tagesberichte mithilfe von W-Fragen vor! (Was? Wie? Wer? Wo? Wann?)
   a) Wodurch unterscheiden sie sich in der **äußeren Form**?
   b) Wie unterscheiden sie sich vom **Inhalt** her?
4. Sind eurer Meinung nach die Tagesberichte so formuliert, dass Außenstehenden **der zeitliche Ablauf** des Tages/des Arbeitsvorganges nachvollziehbar wird?
   ➔ **Schaut in eure Tabelle!**

Könke, Ilse: Wie finde ich den richtigen Beruf? © Auer Verlag

Tagesberichte im Vergleich

	Antonio	Boris	Corinna
Erfahrungen/ Beobachtungen	• mit RA D.+ U.+ Mitarbeitern bekannt gemacht • Kanzlei wird von Kontaktperson gezeigt • lernt die Arbeit von Azubis kennen (Post/Bank) • Frühstückspause nach Bedarf • Fristen werden von RA selbst verlängert • Frau D. ist allein für Buchführung zuständig • RA weist an = teilt mit	• Praktikanten müssen sich Pförtner vorstellen • Pförtner hat bestimmte Anweisung • Betrieb achtet auf Sicherheit seiner Leute (Helm/nicht allein aufs Werksgelände) • Ausbildungsleiter stellt sich vor • er zeigt Räumlichkeiten + Arbeitsplatz • jeder Praktikant bekommt eigenes Werkzeug und Aufgaben, die zu meistern sind • Aufgabe wird am Beispiel genau benannt und erklärt … • Pausen zwischendurch • Aufgabe wird erweitert/ergänzt (*Gitter* …)	• Leiterin begrüßt sie und weist sie Kindergruppe zu • 2 Erzieherinnen pro Gruppe • Kinder schenken Erzieherin, die Geburtstag hat, Selbstgebasteltes. Diese beschenkt Kinder, Kollegin u. Praktikantin • Kinder werden ab 12.00 Uhr nach und nach von Eltern abgeholt
eigene Tätigkeiten	• Akten nach Alphabet in die Hängeregistratur einordnen • Fristen in Kalender eintragen • Schließfach leeren • Post kontrollieren • geöffnete Post mit Eingangsstempel versehen **(Wie?)** • zu den Eingängen die passenden Akten suchen • Akten dem RA vorlegen • zur Bank gehen u. Kontoauszüge holen • Schließfächer leeren • Kontoauszüge der Buchhalterin geben • Notariatsakten aus dem Beurkundungszimmer **(???)** heraussuchen	• 4 verschiedene Größen von Leitungsenden à 5 Stück herstellen **(Wie?)** • nach der Pause obige Arbeit fortsetzen • Leitungsenden auf rechtwinkl. Gittern befestigen **(Wie?)** • Arbeitsplatz säubern **(Wie? Was?)**	• beschäftigt sich mit anwesenden Kindern: Perlenkette auffädeln **(Wie?)** • mit Kindern Geschenke basteln + malen **(Wie? Womit?)** • aufräumen **(Was?)** • beten • Geschirr in die Spülmaschine einräumen • mit Kindern draußen Spiele spielen **(Welche? Wie?)** • Geburtstagslieder singen **(Welche?)**
äußere Form	– statt „Comic Sans" → besser Schrifttyp „Arial" + Absätze machen Text überschau- und gut lesbar + Sinnabschnitte weisen auf neuen Gedanken bzw. Vorgang hin	– Die Schrift ist zu klein und schlecht lesbar. – Ohne Absätze ist der Text unübersichtlich.	– Leerzeile zwischen den Abschnitten macht Text überschaubarer + Schriftgröße 12 pt macht Text gut lesbar
Inhalt	– Tätigkeiten nicht mit: *dann, danach* … aneinanderreihen, sondern beschreibend verbinden + Datenschutz wird berücksichtigt: Namen sind verschlüsselt	– ausführliche Vorgangsbeschreibung fehlt + beschreibend erzählt	– Formulierungen ungünstig (z.B. erster Satz …) – Aneinanderreihung der Tätigkeiten *(um 8.00 Uhr, um 10.00 Uhr, danach, dann …)* – Vorgangsbeschreibungen fehlen – nennt die Namen der Mitarbeiter (Datenschutz!)

Arbeitsblatt

Praktikumsbericht: Vorgangsbeschreibung

Marie, die in einem Jugendbegegnungszentrum ihr Praktikum abgeleistet hat, machte sich für ihre Vorgangsbeschreibung folgende Notizen:

Vorgangsbeschreibung: „Silberdrahtkette"

Material und Werkzeug: Kombizange, Rundzange, Seitenschneider, Schraubstock, Silberdraht ∅ 0,8 mm, ca. 20 cm lange Rundholzstücke unterschiedlicher Stärken,

Vorgang:

- mit der Kombizange 2 x ca. 30 cm Silberdraht von der Rolle abschneiden
- Ende des Drahtstückes in den Schraubstock einspannen
- am anderen Ende mit der Kombizange ruckartig ziehen (um den Draht für exakte Wicklungen zu strecken)
- den gleichen Vorgang an dem zweiten Drahtstück wiederholen
- 2 Rundhölzer unterschiedlicher Stärke auswählen
- Draht in engen Windungen um das jeweilige Rundholz wickeln:
  - Rundholz in die rechte Hand nehmen
  - Silberdraht in die linke Hand
  - Drahtende an Rundholzende legen
  - mit dem Daumen der rechten Hand fixieren
  - erste Drehung des Holzes mit fixiertem Drahtende
  - Draht in engen Windungen vollständig auf das Rundholz wickeln.
  - Daumen führt den Draht dabei.
- letzte Wicklung lockern/öffnen
- Spirale (Drahtwicklung) vorsichtig vom Rundholz drehen
- von Spirale mit größerem ∅ jeweils Minispiralen aus 6 Wicklungen mit Seitenschneider abkneifen
- Sechsfachspirale mit Daumennagel oder Rundzange zu je drei Doppelringen auseinanderbiegen:
  1.) Form einer liegenden Acht (1 Doppelring + 1 Vierfachring)
  2.) Vierfachring teilen und so biegen, dass alle drei Doppelringe zusammen eine Dreiecksform bilden

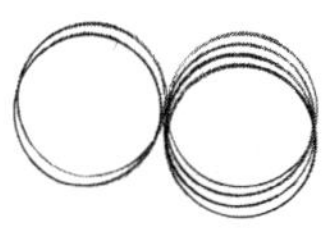

- von Spirale mit kleinerem ∅ jeweils Minispiralen aus 2 Wicklungen mit dem Seitenschneider abkneifen
- große Kettenglieder (Dreiecksform) werden jeweils durch kleinen Doppelring verbunden
- Kettenlänge nach Geschmack

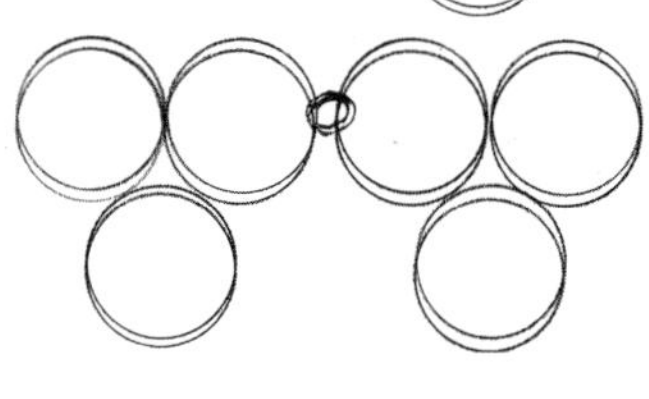

Aufgaben:

1. Lies Maries Notizen aufmerksam durch, um die einzelnen Schritte des Arbeitsablaufes nachzuvollziehen.
2. Bildet jetzt ein **Zweierteam**.
3. Sprecht über schwierige Punkte, die sich für euch aus dem Text ergeben.
4. Klärt Begriffe, die für das Verstehen wichtig sind.

Könke, Ilse: Wie finde ich den richtigen Beruf? © Auer Verlag

Arbeitsblatt

Praktikumsbericht: Vorgangsbeschreibung

5. Erklärt die folgenden Begriffe:

Rundzange: …

____

____

____

____

Seitenschneider: …

____

____

____

____

Schraubstock: …

____

____

____

____

6. Entwirf auf einem Extrablatt eine Vorgangsbeschreibung über das „Auswechseln einer Füllerpatrone". Vergleicht eure Entwürfe mit eurem Partner, korrigiert sie untereinander und haltet fest, was bei einer Vorgangsbeschreibung zu beachten ist:

a) ____

b) ____

c) ____

d) ____

e) ____

Praktikumsbericht: Vorgangsbeschreibung

Normalerweise steht die Erstellung einer Vorgangsbeschreibung bei den KollegInnen im Fach Deutsch auf dem Plan und wird dort auch hinreichend eingeübt. Es hat sich jedoch als hilfreich erwiesen, kurz vor Praktikumsbeginn die Vorgangsbeschreibung noch einmal zu wiederholen.

5.

Rundzange: wird zur Herstellung von Schmuck benutzt, z.B. Bearbeitung von Kettengliedern und Ösen. Die beiden zylinderförmig, spitz zulaufenden Kneifbacken sind vollkommen glatt, sodass die feinen Werkstücke keine Kratzer bekommen.

Seitenschneider: hat ähnliche Funktion wie eine Kneifzange für kurze Metallstifte und Nägel. Die Schneiden sind jedoch wegen der besseren Handhabbarkeit beim Trennen von Elektrokabeln und Drähten seitlich angeordnet, daher der Name.

Schraubstock: wird meist in Verbindung mit einer Werkbank benutzt und dient zum Festhalten eines Werkstückes während der Bearbeitung. Der meist aus Gusseisen geformte Schraubstock besteht aus einer festsitzenden und einer beweglichen Backe, die parallel zueinander stehen. Die bewegliche Backe wird über einen Stock als Handkurbel und eine Stellschraube so weit gegen die feste Backe gedreht, dass das Werkteil dazwischen sicheren Halt findet und von HandwerkerInnen mit beiden Händen bearbeitet werden kann.

► ***Zusatzaufgabe für Schnelle***

Kombizange: ist die Kurzbezeichnung für Kombinationszange, weil sie drei Zangentypen mit ihren jeweiligen Funktionen in sich vereinigt:
Die Spitze bildet der **Flachzangenteil**, mittels dessen geriffelter Backen kleine Bleche oder Drähte sicher gehalten werden können. Das Halten von Schraubenköpfen z.B. wird, wie bei einer **Rohrzange**, durch die runde Aussparung der geriffelten Backen ermöglicht. Nahe dem Drehpunkt sitzt der Seitenschneiderteil zum Schneiden von Drähten und Kabeln. Die Übertragung der Kraft erfolgt über zwei stabile Griffe.

Tipp: Steht genügend Zeit zur Verfügung, kann Maries Vorgangsbeschreibung praktisch umgesetzt und auf ihre Tauglichkeit hin überprüft werden.

6.

Wichtige Kriterien einer Vorgangsbeschreibung:

a) verwendete Materialien, benutzte Werkzeuge, beteiligte Personen
b) logische Abfolge der Tätigkeiten
c) wichtige Einzelheiten, Arbeitsablauf Schritt für Schritt nachvollziehbar machen
d) Gegenwartsform (Präsens)
e) Fachbegriffe verwenden und deren Bedeutung kennen

Könke, Ilse: Wie finde ich den richtigen Beruf? © Auer Verlag

Informationsblatt

Praktikumsbericht: Wochenbericht

Der Wochenbericht wird entweder „in einem Guss" in Erzählform oder in „Tagebuchform" geschrieben. Wählst du die Tagebuchform, dann reihen sich die Tagesberichte aneinander und bilden so den Wochenbericht. In jedem Fall solltest du dir als Gedächtnisstütze Tagesnotizen machen!

Beispiel 1: Wochenbericht in Tagebuchformat

Meine erste Woche als Webdesigner-Praktikant

Montag, den 15.2. ......
Pünktlich um 8.00 Uhr erreichte ich die Fa. S., wo ich mich sogleich bei Herrn P., meinem Betreuer, gemeldet habe. Herr P. hat mir als Erstes eine grobe Einführung in die Funktionsweise des Computers gegeben und mir eine gestaltete Website vom Klinikum K. und Praktikumsberichte früherer Praktikanten im Internet gezeigt, sodass ich einen kleinen Überblick von dem bekam, was in den nächsten drei Wochen auf mich zukommen würde.

Meine erste Handlung bestand darin, zusammen mit anderen Mitarbeitern, Filmmaterial der letzten Woche wegzuräumen. So sortierte ich die Kabel und brachte sie in einen Lagerraum im Keller. Dann hatte ich Zeit, am Computer das Programm „Print Arts" auszuprobieren, d.h. etwas zu malen, was gar nicht so leicht war. Zum Schluss hat mir M. eine ausführliche Beschreibung gegeben, wie man eine Internetseite entwirft und gestaltet.

Dienstag, den 16.2. ......
Heute habe ich damit begonnen meine Internetseite zu entwerfen. Als Erstes habe ich mir eine eigene Datei angelegt, um meinen Bericht in Ruhe entwerfen und überarbeiten zu können, bevor ich ihn im Internet veröffentliche. In diese Datei habe ich auch meine Arbeitsplatzanalyse geschrieben. Danach habe ich mit „Photoshop 7.0" gearbeitet. Mit diesem Programm kann man Bilder bearbeiten, z.B. Hintergründe verändern oder Kulistriche entfernen. Hierzu verwendet man verschiedene Werkzeuge, z.B. einen Pinsel oder einen Radiergummi. Um mit dem Programm arbeiten zu können, habe ich eine Beschreibung erhalten, worin ich die einzelnen Arbeitsschritte nachlesen konnte.

Mittwoch, den 17.2. ......
Herr P. hat mir heute eine neue Aufgabe gegeben. Ich sollte mit Photoshop Werbeflyer mit einem Werbespruch für eine Firma, Schuhmarke oder etwas anderes entwerfen.
Ich habe mich für Speedsun und Stars (Photoshop Bild 4 und 5), das sind zwei Geschäfte, entschieden. Dazu habe ich meine Vorstellungen skizziert und einen Werbespruch erfunden. Anschließend habe ich, so weit das möglich war, nach meiner Skizze den Werbeflyer in Photoshop erstellt.

Donnerstag, den 18.2. ......
Ich habe heute weiter an meinen Werbeflyern gearbeitet und noch ein weiteres hinzugefügt. Bei diesem Werbeflyer habe ich mich für den Blumenladen Hatschi (Photoshop Bild 6) entschieden. Hierbei habe ich den Hintergrund verschoben und etwas verzerrt, sodass der Text besonders in den Vordergrund rückt.
Außerdem habe ich die Überschrift eingerahmt, damit sie noch mehr ins Auge fällt.

Informationsblatt

Praktikumsbericht: Wochenbericht

Fortsetzung Beispiel 1

Anschließend habe ich weiter an meiner Internetseite gearbeitet und meinen Tagesbericht vom Montag in den PC eingegeben.

Freitag, den 19.2. ......
Heute war ich wegen einer Erkältung nicht an meinem Praktikumsplatz.

Beispiel 2: Wochenbericht in Erzählform

Dritte Woche als Praktikantin in der Wehrverwaltung des Bundes

In der dritten Woche kam ich erneut in die Abteilung „Wehrüberwachung". Ich sortierte Akten vom Jahrgang 1970 aus, die digitalisiert werden müssen. Diese Akten ordnete ich nach den Geburtsdaten der Wehrpflichtigen in einen sogenannten Aktenpaternoster ein. Dabei handelt es sich um einen großen, grauen Schrank mit vielen Schubladen, die sich rauf und runter fahren lassen.

An einem Tag war ich im Ausschuss für KDV (Kriegsdienstverweigerer). Hier werden Wehrpflichtige angehört, die sich erst nach ihrer Musterung überlegt haben, einen Antrag auf KDV (Kriegsdienstverweigerung) zu stellen.

In diesem Ausschuss werden solche Fälle bearbeitet, weil das nicht mehr Aufgabe des BAZ (Bundesamt für den Zivildienst) ist. Auch Soldaten, die schon bei der Truppe sind und es sich anders überlegt haben, kommen zu diesem Ausschuss. Es ist eine Gewissensentscheidung, ob man Grundwehrdienst (GWD) oder Zivildienst leistet.

Beim „Ärztlichen Dienst" war ich nachmittags. Hier werden die Wehrpflichtigen zunächst untersucht. Später kommt es zu weiteren Tests, wie Hör- und Sehtests.
Das Untersuchungsergebnis und die Diagnose werden von den Ärzten in einen Aufnahmebogen eingetragen. Daraufhin stellen die Ärzte fest, welchen Tauglichkeitsgrad der Wehrpflichtige erreicht hat. Es reicht von Tauglichkeitsgrad 1 (wehrdienstfähig) bis 5 (nicht wehrdienstfähig).

Die Abteilung für Mobilitätsangelegenheiten/Wehrdienstausnahmen stellt die Mobilität der Bundeswehr sicher. Im Ernstfall beschlagnahmt die Bundeswehr die Fahrzeuge der Bürger. Meistens sind es zivile Dieselfahrzeuge. Sie werden vorher von der Bundeswehrverwaltung im Computer herausgesucht und auf die Liste für den Ernstfall gesetzt.

Die Fahrzeughalter wissen nichts davon. Doch sie werden im Ernstfall informiert.
Sollten ihre Fahrzeuge im Bundeswehreinsatz beschädigt oder zerstört werden, werden sie ersetzt.

Die Sachbearbeiter für Wehrdienstausnahmen bearbeiten Anträge der Arbeitgeber von Wehrpflichtigen. Wenn ein Wehrpflichtiger seine Ausbildung beendet hat, wird er einberufen. Doch wenn ein Arbeitgeber nicht auf seinen bereits ausgebildeten Arbeiter verzichten kann, hat er die Möglichkeit, eine vorübergehende Zurückstellung vom Wehrdienst zu beantragen.

Könke, Ilse: Wie finde ich den richtigen Beruf? © Auer Verlag

Informationsblatt

Praktikumsbericht: Wochenbericht

Fortsetzung Beispiel 2

Wehrpflichtige, die sich bei der Feuerwehr, beim THW, beim Roten Kreuz oder bei anderen gemeinnützigen Einrichtungen verpflichten, werden nicht einberufen. Dasselbe gilt für jemanden, der im Polizeivollzugsdienst der Schutzpolizei oder des Bundesgrenzschutzes tätig ist.

Zeitweilig war ich auch in der Abteilung für Wehrübungen. Hier werden die Soldaten zu Übungen herangezogen, die zum Teil sogar im Ausland stattfinden.

Am letzten Tag des Praktikums wurde ich noch einmal zum Chef des KWEA gerufen. Er fragte mich, ob mir das Praktikum gefallen hat und wünschte mir viel Glück für die Zukunft. Dann verabschiedete ich mich von allen Mitarbeitern des KWEA und damit war mein Praktikum leider beendet.

Arbeitsblatt

Interview: Meine Praktikumsstelle

Der Fragebogen hat den Sinn, dass du dich – neben der praktischen Arbeit – auch theoretisch intensiv mit deinem Arbeitsbereich beschäftigst.
Jetzt gilt es, kritisch abzuklären, ob deine Vorstellungen der Realität standhalten können. Das ist notwendig, damit du nach dem Schulabschluss einen Ausbildungs- oder Berufsweg einschlagen kannst, der zu dir passt und nicht zum Albtraum wird.
Deine BetreuerInnen werden dir sicher dabei behilflich sein, den Blick für die Vor- und Nachteile deines Traumberufes zu schärfen, sodass du die richtige Entscheidung treffen kannst.

Bevor du damit beginnst, den Fragebogen zu bearbeiten, erkundige dich, ob es Werbeprospekte oder anderes Infomaterial über deine Praktikumsstelle gibt, mit deren Hilfe du schon mal vorab selbst einige Fragen beantworten kannst. Du kannst auch schon Vorarbeit leisten, indem du Fragen oder Teilfragen, die auf deine Praktikumsstelle nicht zutreffen, durchstreichst (z. B. die Fragen 22–25, wenn keine Lehrlinge ausgebildet werden). Vereinbare erst danach einen günstigen Zeitpunkt mit deinem Betreuer/deiner Betreuerin für dein Interview.

Denke daran, dass du erst eine Genehmigung brauchst, falls du für deine Praktikumsmappe Fotos von dem Unternehmen und/oder den MitarbeiterInnen machen möchtest!

Interviewfragen

1. Genaue Bezeichnung des Unternehmens: ______________________

   ____

2. Welcher Branche/welchem Fachbereich gehört das Unternehmen an? ______________________

   ____

3. Wem gehört das Unternehmen? ______________________

   ____

4. Seit wann besteht das Unternehmen? ______________________

5. Wie viele Mitarbeiter sind insgesamt beschäftigt? ______________________

6. Wie groß ist das Unternehmen? (Fläche/Arbeitsstätten/Abteilungen/Stationen/Filialen)

   ____

   ____

Arbeitsblatt

Fortsetzung I: **Interview**

7. Welche Produkte werden hergestellt? Welche Dienstleistungen werden angeboten?

____

____

8. Worin liegt der Schwerpunkt/was ist das Spezielle?

____

____

9. Wer gehört zum typischen Kundenkreis des Unternehmens?

____

____

10. Wie wird der Kundenkreis auf das Produkt/die Dienstleistung aufmerksam gemacht (Internet, Werbespots, Aktionen, Zeitungsanzeigen, Wurfsendungen)?

____

____

11. Welchen Stellenwert geben die Beschäftigten des Unternehmens ihrer Dienstleistung/ihrem Produkt im Hinblick auf die Zukunft (trendorientiert/bedarfsorientiert)?

____

____

12. Welche Berufe werden in diesem Unternehmen/dieser Institution ausgeübt?

____

____

____

____

13. Welche Berufe werden ausgebildet? ______________________________

____

____

Arbeitsblatt

Fortsetzung II: **Interview**

14. Wie viele Auszubildende hat das Unternehmen im Moment?

____

15. Werden die meisten der Azubis nach der Lehrzeit übernommen?

____

16. Was verdient ein Azubi im 1./2./3. Lehrjahr?

____

17. Wie ist die durchschnittliche Arbeits- und Urlaubszeit für die MitarbeiterInnen?

____

18. Sind Teilzeitbeschäftigung/gleitende Arbeitszeit möglich?

____

____

____

____

19. Sind Überstunden üblich? Wie wird die Arbeitszeit kontrolliert und Mehrarbeit ausgeglichen?

____

____

20. Wird im Schichtdienst gearbeitet? Was macht das notwendig?

____

____

21. Wie wird die Arbeitsverteilung bei Elternzeitvertretungen geregelt? Wird eine Aushilfskraft eingestellt oder die Arbeit umverteilt?

____

____

____

Könke, Ilse: Wie finde ich den richtigen Beruf? © Auer Verlag

Arbeitsblatt

Fortsetzung II: **Interview**

22. Welchen körperlichen, seelischen oder geistigen Beanspruchungen sind die Betriebs-/ Unternehmensangehörigen ausgesetzt?

23. Welche Schutzmaßnahmen/Gesundheitsvorsorge werden vom Unternehmen für die MitarbeiterInnen getroffen?

24 Gibt es einen Betriebsrat? Was ist seine Aufgabe?

25. Wie wird sich das Unternehmen im Hinblick auf die Zukunft/neue Technologien/ neueste Erkenntnisse verändern? Gibt es Pläne/Visionen?

26. Wie wird der Informations- und Kenntnisstand der MitarbeiterInnen auf internationalem Standard gehalten (externe/interne Fortbildungen? Welcher Art?)?

27. Wonach wurde noch nicht gefragt?

Arbeitsblatt

Berufsbild: Traum und Wirklichkeit

Dieser Fragebogen ist eine Erweiterung des Interviews, das sich allgemein auf deinen Praktikumsbetrieb bezieht. Jetzt geht es spezifisch darum, beispielhaft einen Arbeitsplatz unter die Lupe zu nehmen, der eng mit deinem „Traumberuf" in Verbindung steht. Bitte eine Person um ein Gespräch, die die gleiche Tätigkeit verrichtet, wie du sie einmal ausüben willst. Nutze die folgenden Fragen:

Allgemeine Informationen:

1. Beruf: ______________________________

2. Einsatzbereiche: ______________________________

   ____

3. Wie sind die Chancen auf dem Arbeitsmarkt, in diesem Beruf eine Stelle zu finden?

   ____

   ____

Voraussetzungen:

1. Welcher Schulabschluss ist erforderlich/wünschenswert?

   ____

2. Auf welche Fächer wird besonders Wert gelegt?

   ______________ ______________

   ______________ ______________

Berufsausbildung:

1. Ab welchem Alter kann in diesem Beruf mit der Ausbildung begonnen werden? ______

2. Wie kann ich mich vor Ausbildungsbeginn qualifizieren, wenn ich das erforderliche Mindestalter nach Schulabschluss noch nicht erreicht habe (Praktika, Freiwilliges Soziales Jahr, VHS-Kurse o. Ä.? Was genau?)?

   ____

   ____

   ____

Arbeitsblatt

Fortsetzung I: **Berufsbild**

3. Führt das Unternehmen Eignungsprüfungen durch? Wenn ja, welche?

____

____

4. Wie lange dauert die Ausbildung? ____________________

5. Wie verläuft der genaue Ausbildungsweg? ____________________

____

____

6. Findet der Berufsschulunterricht ein Mal oder zwei Mal wöchentlich statt? Gibt es Blockunterricht?

____

____

7. Worauf kommt es beim Führen eines Berichtsheftes der Azubis an?

____

____

8. Werden die Azubis vom Unternehmen auf die Prüfung vorbereitet? Wenn ja, wie?

____

____

9. Wie hoch ist der Verdienst nach der Ausbildung? ____________________

Anforderungen:

1. Welche physischen/psychischen Belastungen bringt dieser Beruf mit sich? Was ist das Besondere an diesem Beruf?

____

____

____

____

Arbeitsblatt

Fortsetzung II: **Berufsbild**

2. Welche Fähigkeiten stehen bei dieser Arbeit im Vordergrund?

   a) Teamfähigkeit ______________________

   b) Selbstständigkeit ______________________

   c) Analysefähigkeit ______________________

   d) Kreativität ______________________

   e) Andere ______________________

Aufstiegsmöglichkeiten:

1. Welche Aufstiegschancen bietet der Beruf?

   ____

   ____

   ____

2. Mit welchen Zusatzfortbildungen/Nachqualifikationen kann die Ausbildung erweitert werden (z. B.: Krankenschwester – Abendgymnasium – Medizinstudium – Ärztin/ Kfz-Mechaniker – Abendgymnasium – Ingenieursakademie/FH – Ingenieur)?

   ____

   ____

   ____

3. Was sollte jeder Berufseinsteiger wissen?

   ____

   ____

   ____

4. Wonach wurde nicht gefragt?

   ____

   ____

   ____

   ____

   ____

Könke, Ilse: Wie finde ich den richtigen Beruf? © Auer Verlag

Arbeitsblatt

Rückschau

Die Zeit des Praktikums ist nun vorbei. Dir wurde die Gelegenheit gegeben, unverbindlich erste berufliche Erfahrungen zu sammeln und Einblicke in den Alltag eines Berufes zu nehmen, der für dich bisher ein „Traumberuf" war.
Jetzt gilt es, rückblickend herauszufinden, ob der von dir ausgewählte Beruf deinen Erwartungen standhalten konnte oder ob du dich besser einem anderen Bereich zuwenden solltest, weil dieser Beruf in der Realität nur wenig Traumhaftes mit sich brachte.
Dazu einige klärende Fragen:

1. Wurden deine Erwartungen (s. dort) an das Praktikum erfüllt? Was ist anders gewesen, als du es dir vorgestellt hast?

___

___

___

2. Was waren deine wichtigsten Erfahrungen bei dem Praktikum? Was hat dir gut/weniger gut/gar nicht gefallen? Was hat dir gefehlt?

___

___

___

___

___

___

___

3. In welcher Weise war das Praktikum für deine spätere Berufswahl nützlich?

___

___

___

4. Was sind jetzt deine nächsten Schritte in deine berufliche Zukunft?

a) ___

b) ___

c) ___

Alles auf einen Blick: Wichtige Daten für SchülerInnen

PraktikantIn

....

Name | Vorname | Geburtsdatum

....

PLZ | Wohnort | Straße | Telefonnummer der Eltern

Praktikumsstelle

....

Praktikum von – bis

....

Betrieb/Unternehmen | Adresse | Telefonnummer

....

Abteilung | von – bis

....

Abteilung | von – bis

....

Arbeitszeiten von – bis | Mittagspause von – bis

....

freier Tag/Nachmittag

....

PraktikumsbetreuerIn im Betrieb/Unternehmen

Betreuende Lehrkraft

....

Name

....

Telefonnummer der Schule | private Telefonnummer

Eines dieser Formulare ist bis zum .... an den Lehrer/die Lehrerin, die dich während des Praktikums betreut, abzugeben! Ein Exemplar behältst du für dich selbst!

Könke, Ilse: Wie finde ich den richtigen Beruf? © Auer Verlag

Einverständniserklärung

der Praktikumsstelle

Für den Zeitraum vom .... bis .... 20 ......

erhält der/die SchülerIn der Schule .... Klasse ....

Name/Vorname: ....

Straße: ....

PLZ/Wohnort: ....

Telefonnummer der Eltern: .... / ....

in unserem Unternehmen/unserer Einrichtung ....

Straße: .... Ort: ....

Telefon: .... / ....

einen **Praktikumsplatz**, um das Berufsbild des/der ....
kennenlernen zu können.
Für fachkundige Betreuung wird unsererseits gesorgt durch

Herrn/Frau .... Abteilung: ....

Arbeitszeit der Praktikantin/des Praktikanten von .... Uhr bis .... Uhr

Mittagspause von .... Uhr bis .... Uhr

freier Tag/Nachmittag o. Ä. ....

Uns ist bekannt, dass während dieser Zeit der/die SchülerIn durch die Unfall- und Haftpflichtversicherung des Schulträgers abgesichert ist.

....

Ort, Datum Unterschrift

der Erziehungsberechtigten

Wir haben von obiger Praktikumsstelle für unseren Sohn/unsere Tochter ....
Kenntnis genommen und geben unser Einverständnis.

....

Ort, Datum Unterschrift der Erziehungsberechtigten

Organizer 2: Praktikumsbetrieb Blatt Nr.: ....

Schülerpraktikum vom ______________, Klasse: ________ / ________

Praktikant/Praktikantin	Berufsbild	Praktikumsbetrieb	Ort	Straße	Telefon der/des BetreuerIn	Arbeitszeiten	Mittagspause	Kontakttermine

Könke, Ilse: Wie finde ich den richtigen Beruf? © Auer Verlag

Beurteilung der Praktikumsmappe

Name	erreichte Punktzahl	max.
Gesamteindruck der Mappe		5
Gestaltung der Titelseite		5
Bewerbungsschreiben		5
Lebenslauf		5
Erwartungen an das Praktikum		5
Präsentation der Praktikumsstelle (Interviewbogen)		2
Bericht der 1. Praktikumswoche		5
Bericht der 2. Praktikumswoche		5
Bericht der 3. Praktikumswoche		5
Ausführlicher Bericht eines Arbeitstages		5
Berufsbild (Interviewbogen)		2
Skizze/Fotos vom persönlichen Arbeitsplatz		5
Rückschau		5
Mappe: Punktzahl		59
Praktikum: Punktzahl		50
Gesamtpunktzahl		109

Gesamtnote:

Material für LehrerInnen

Bewertung durch die Praktikumsstelle

PraktikantIn

	Erreichte Punktzahl bitte ankreuzen!				
	+ + 5	+ 4	o 3	– 2	– – 1
Einsatzbereitschaft					
Lernbereitschaft					
Geschicklichkeit					
Selbstständigkeit					
Zuverlässigkeit					
Sorgfältigkeit					
Kreativität					
Teamfähigkeit					
Freundlichkeit					
Hilfsbereitschaft					

Gesamtpunktzahl von 50 zu erreichenden Punkten: ______________________

Ergänzende Bemerkungen: ______________________

____

____

____

____

Ort, Datum

Unterschrift und Firmenstempel

Könke, Ilse: Wie finde ich den richtigen Beruf? © Auer Verlag

Fahrtenbuch für LehrerInnen Blatt Nr.: ....

Schulstempel

.... , den .... 20....

Nachweis entstandener Kosten für LehrerInnen mit Auftrag der Praktikumsbetreuung durch Besuchsfahrten zwischen Dienstort und Praktikumsstelle:

Datum	Betrieb/Unternehmen	Kontaktadresse	km einzeln	km gesamt
			Übertrag:	
			Gesamtkilometer:	

Fortsetzung Blatt Nr.: ....

Material für LehrerInnen

Fahrtenbuch für LehrerInnen Blatt Nr.: ....

Datum	Betrieb/Unternehmen	Kontaktadresse	km einzeln	km gesamt
			Übertrag:	
			Gesamtkilometer:	

Gesamtaufwendungen:

Gefahrene Kilometer: .... km

Telefonkosten/Phonecard-Quittung: .... Euro

Parkgebühren: .... Euro

Hiermit erkläre ich die Richtigkeit obiger Aufwendungen und bitte um deren Erstattung

auf mein Konto Nr.: ....

BLZ: ....

zuständiges Kreditinstitut: ....

....
Ort, Datum

....
Unterschrift

Könke, Ilse: Wie finde ich den richtigen Beruf? © Auer Verlag

Fahrtkostennachweis für SchülerInnen

SchülerIn im Praktikum:

Name: ....

Vorname: ....

Straße, Hausnr.: ....

PLZ Wohnort: ....

Praktikumsstelle:

Name des Betriebes: ....

Straße, Hausnr.: ....

PLZ Standort: ....

Arbeits-/Fahrtage (Hin- und Rückfahrt)	Datum	Datum	Datum
Montag			
Dienstag			
Mittwoch			
Donnerstag			
Freitag			
Samstag			
Sonntag			

Anzahl der Fahrten insgesamt: ....

Die Aufwendungen für erforderliche Fahrkarten betragen .... Euro.
Als Beleg sind in der Anlage die Fahrscheine beigefügt.

Die Richtigkeit der Daten wird durch die Schule bestätigt:

....
Ort, Datum

....
(Stempel und Unterschrift)

Die Erstattung der Unkosten bitte

auf das Konto Nr.: ....

BLZ: ....

zuständige Bank: ....

Kontoinhaber: ....

Was mir wichtig ist

Absicht:
Diese Übung ist angebracht, wenn nach dem Praktikum Unsicherheiten bzgl. des Traumberufes aufgekommen sind bzw. die Sicherheit der Berufswahl noch einmal überprüft werden soll.

Einführung:
Bei dieser Übung geht es um eure persönlichen Werte, um das, was euch wichtig ist, wie z. B.: Anerkennung, Verständnis, gegenseitige Unterstützung, Liebe, Herausforderung, Kreativität, Vergnügen, Freundschaft, finanzielle Sicherheit usw.

Werte sind nicht nur unsere Antriebsfedern, sie stehen auch in engem Zusammenhang mit unseren Zielen.
Wenn wir etwas wollen, dann deshalb, weil es uns etwas wert ist.
(Beispiele aus der jüngsten Geschichte zusammentragen!)

Wem seine eigenen Werte und Ziele nicht klar sind, dem werden die Ziele der anderen vorgegeben, d. h. er wird die Ziele anderer unterstützen statt die eigenen durchzusetzen und selbst leer ausgehen. Das führt auf Dauer zu Unzufriedenheit und Frust (Beispiel von Jugendlichen erzählen, die nicht so recht wissen, was sie so am Nachmittag/am Wochenende unternehmen sollen und die es ihren Freunden überlassen, Programm zu machen, dann aber unzufrieden sind, kritisieren und nörgeln und letztendlich ihren Kumpels die Schuld für den langweiligen Film, das missglückte Cliquentreffen o. Ä. geben).

Um sich selbst motivieren und unterstützen zu können, muss man seine Werte kennen und sie immer wieder überprüfen, denn Werte verändern sich.
Werte verändern sich nicht nur mit unserer persönlichen Entwicklung und dem jeweiligen Lebensbereich, sondern auch in der Hierarchie ihrer Bedeutung:

Das, was euch im Zusammensein mit Freunden wichtig ist, hat möglicherweise im Zusammenhang mit Schule oder Familie weniger oder gar keine Bedeutung.

So ist es im Freundeskreis z. B. wichtiger, dass man dazugehört, einander vertrauen kann und zuverlässig ist, und weniger, dass man gute Leistungen in Englisch oder Mathematik erbringt.

Um in der Schule weiterzukommen, zählen dagegen gute Leistungen mehr als blindes Vertrauen gegenüber den MitschülerInnen, obwohl Verlässlichkeit auch da einen hohen Stellenwert hat.

Durchführung:
Die Schüler bearbeiten die folgenden Arbeitsblätter.

Könke, Ilse: Wie finde ich den richtigen Beruf? © Auer Verlag

Arbeitsblatt

Was mir wichtig ist

Bei dieser Übung geht es um deine persönlichen Werte, um das, was dir wichtig ist, wie z. B. Anerkennung, Verständnis, gegenseitige Unterstützung, Liebe usw.
Wenn du etwas willst, dann deshalb, weil es dir wichtig und die Anstrengung wert ist.
Um sich selbst motivieren und unterstützen zu können, sollte man seine Werte kennen und sie immer wieder überprüfen. Denn Werte verändern sich mit der persönlichen Entwicklung und Erfahrung.

- Lies die Listen für die beiden aufgeführten Lebensbereiche (nacheinander!) erst einmal genau durch!
- Markiere dann 10 der für dich wichtigsten Werte mit einem einfachen Schrägstrich (/) in dem Kästchen!
- Filtere von diesen 10 Werten jetzt noch einmal die 5 wichtigsten Werte heraus und markiere sie mit einem zweiten Querstrich, einem Kreuz (x)!

In Bezug auf mein **berufliches Leben** sind mir wichtig:

- ☐ Eigenverantwortlichkeit
- ☐ viel Geld verdienen
- ☐ gegenseitige Unterstützung
- ☐ Ansehen
- ☐ Anerkennung
- ☐ Gemeinschaft
- ☐ Humor
- ☐ Herausforderung
- ☐ Toleranz
- ☐ Kontakt zu anderen Menschen
- ☐ Kreativität
- ☐ finanzielle Sicherheit
- ☐ Freude
- ☐ Gesundheit
- ☐ Führung
- ☐ Freundschaft
- ☐ Freiheit
- ☐ Respekt
- ☐ Geborgenheit
- ☐ Idealismus
- ☐ Selbstverwirklichung
- ☐ Vertrauen
- ☐ liebevoller Umgang
- ☐ Harmonie
- ☐ Kommunikation
- ☐ Geselligkeit
- ☐ Teamarbeit
- ☐ viel Freizeit
- ☐ sicherer Arbeitsplatz

In Bezug auf mein **privates Leben** (mich selbst, Freunde, Familie) sind mir wichtig:

- ☐ gegenseitige Unterstützung
- ☐ Vermögen, Besitz
- ☐ Eigenverantwortlichkeit, Freiheit
- ☐ Sexualität
- ☐ Ansehen
- ☐ Liebe
- ☐ Gemeinschaft
- ☐ Respekt
- ☐ Humor
- ☐ Herausforderung
- ☐ Hobbys
- ☐ Toleranz
- ☐ Kreativität
- ☐ Geborgenheit
- ☐ finanzielle Sicherheit
- ☐ Selbstverwirklichung
- ☐ Gesundheit
- ☐ Freundschaft
- ☐ Führung
- ☐ Vertrauen
- ☐ Familie, Kinder
- ☐ Anerkennung
- ☐ Treue
- ☐ Harmonie
- ☐ Zärtlichkeit
- ☐ Geselligkeit
- ☐ Partnerschaft/Ehe
- ☐ gleiche Interessen
- ☐ Kommunikation

Arbeitsblatt

Wertehierarchie

Werte sind die wirksamsten Mittel der Motivation und stehen in unmittelbarer Verbindung mit unseren Zielen.
Mit dieser Übung bringst du deine höchsten Werte in eine Hierarchie. So kannst du verstehen, warum du etwas tust, was du tust, und deine Energie darauf verwenden, deine Ziele zu erreichen.
Mache das zunächst für den beruflichen Bereich. Später kannst du dir dann auch den privaten Bereich vornehmen.

Übung:
Um die Rangordnung der Werte zu bekommen, brauchst du nur die Werte auf deiner Liste miteinander zu vergleichen und dazu die Frage stellen:
„Was ist wichtiger für mich …?"
oder
„Was bedeutet ..x.. für mich?" und „Was bedeutet ..y.. für mich?"

Beispiel für die Vorgehensweise:
Berufliche Werte sind z. B. finanzielle Sicherheit, Selbstbestimmung, Anerkennung, Herausforderung usw.
Frage: *„Was ist mir in Bezug auf meinen Arbeitsplatz wichtiger: finanzielle Sicherheit oder Selbstbestimmung?"*
Wenn die Antwort Selbstbestimmung heißt, frage weiter: *„Ist Selbstbestimmung dann auch wichtiger für mich als Anerkennung?"*
Oder: *„Was bedeutet für mich Selbstbestimmung?"*
„Was bedeutet Anerkennung für mich?"

Wenn die Unterschiede dann immer noch nicht klar sind, frage:

„Was würde geschehen, wenn einer der beiden Werte wegfiele?"

Gehe in der Liste die Werte durch und überprüfe, ob ein Wert wichtiger ist als der Wert, mit dem du begonnen hast. Wenn nicht, dann steht er an der Spitze deiner Rangordnung.

Zu dem, was mir z. Zt. für meine berufliche Zufriedenheit unverzichtbar erscheint, gehören folgende Werte:

Mein höchster Wert ist ....

Mein zweithöchster Wert ist ....

Außerdem sind mir ....

....

....

.... wichtig.

Könke, Ilse: Wie finde ich den richtigen Beruf? © Auer Verlag

Arbeitsblatt

Fortsetzung: **Wertehierarchie**

► Meine höchsten Werte für den Berufsbereich sind zzt.

____

____

____

____

____________________.

► Meine höchsten Werte im Privatbereich sind zzt.

____

____

____

____

____________________.

- Suche dir einen Partner/eine Partnerin. Lest euch die aktuell ausgewählten Werte vor und sprecht darüber, was euch daran wichtig ist.
- Vergleicht eure Werte! Ist die Wertehierarchie deines Partners/deiner Partnerin für dich nachvollziehbar? Was denkt er/sie über deine Tabelle?

Arbeitsblatt

Erfüllungskriterien für meine Werte

Du weißt jetzt, was dir im Berufsleben besonders wichtig ist und was du brauchst, um vollen Einsatz zeigen zu können und um dich wohlzufühlen.
Aber wie sieht es in der Realität aus?

Die Beantwortung der folgenden Fragen kann dir helfen, die Situation realistisch einzuschätzen.

- Was bedeutet mir der Wert ...?

  ____

  ____

  (Beispiel: Der Wert „Kontakt mit Menschen zu haben" bedeutet für mich Gedankenaustausch, Anregungen, Lebendigkeit, mich Herausforderungen zu stellen, helfen zu können, Freundlichkeit und Nähe.)

- Was müssen andere tun, damit ich ein gutes Gefühl habe und weiß, dass mein Bedürfnis nach ______________________ erfüllt/berücksichtigt wird?

  ____

  ____

  (Beispiel: Mein Chef sollte mir nach einer Zeit der Einarbeitung die Möglichkeit einräumen, eigenständig Kunden zu beraten. Oder: Ich möchte in einem Team arbeiten können und zusammen mit KollegInnen etwas auf die Beine stellen, was anderen Menschen zugute kommt.)

- Woran erkenne ich, dass das, was mir wichtig ist, unberücksichtigt bleibt/nicht erfüllt wird?

  ____

  ____

  (Beispiel: Ich sitze den ganzen Tag allein in einem Büro vor meinem PC und bin mit der Auswertung von Statistiken beschäftigt.)

- Wie weiß ich, dass ich selbst nach meinen Regeln handele? (Das ist nicht selbstverständlich!)

  ____

  ____

  (Beispiel: Ein Freund meines Vaters suchte einen Mitarbeiter für seine Anwaltskanzlei und meine Eltern waren damit einverstanden, dass ich mich dort bewerbe. Ich habe mich aber um einen Ausbildungsplatz in einem großen Reisebüro beworben, 30 km von meinem Wohnort entfernt. Nach kurzer Einarbeitungszeit berate ich Reisewillige und werde für meine umsichtige Planung gelobt. Später kann ich auch als Reiseleiter oder Animateur arbeiten und habe viel Kontakt mit Menschen.)

Könke, Ilse: Wie finde ich den richtigen Beruf? © Auer Verlag

Arbeitsblatt

Traumberuf und Werte

Du kennst deine beruflichen Werte und ihre Erfüllungskriterien, d. h. du weißt, was gegeben sein muss, damit du in deinem Beruf glücklich wirst.
Jetzt sollst du herausfinden, ob deine Werte und Erfüllungskriterien mit dem von dir angestrebten Beruf übereinstimmen oder nicht.

- Gibt es Übereinstimmungen zwischen meinem Berufswunsch und meinen Werten?
  Ja/Nein, weil …

- Kann ich das, was mir wichtig ist, in dem von mir gewählten Beruf verwirklichen?
  Wenn ja, wie?

1.

2.

3.

- Welcher Berufszweig stimmt besser mit meinen Werten überein
  (s. „Bestandsaufnahme“)?

Arbeitsblatt

Alternativen finden

Bei Zweifeln ...
im Hinblick auf deine Berufswahl solltest du noch einmal in einem persönlichen Gespräch mit deiner Lehrerin/deinem Lehrer die Bestandsaufnahme 1 von Seite 16 durchgehen und sie vorher durch die Fragen ergänzen!

- Was ist dir im Hinblick auf deinen späteren Beruf wichtig? Benutze dazu deine Arbeitsblätter von S. 79–83.

1. ___
2. ___
3. ___

- Bevor du in das Beratungsgespräch gehst, mache dir selber Gedanken, zu welchen Berufsbereichen deine persönlichen Stärken, Interessen und Werte passen! Nutze alle Quellen (Internet, BIZ usw.), die dir zur Verfügung stehen, und finde eigenständig mindestens drei alternative Lösungswege für deinen beruflichen Werdegang!

1. ___
2. ___
3. ___
4. ___
5. ___
6. ___
7. ___
8. ___

Du kannst dich anschließend noch von deinen KlassenkameradInnen unterstützen lassen, Alternativen zu deinem früheren Traumberuf zu finden. Füge deren Ideen deine eigenen hinzu.

So bist du gut auf deinen Beratungstermin vorbereitet! Durch das Gespräch und die Erfahrung deiner Lehrerin/deines Lehrers wirst du weitere Impulse für deine Berufswahl bekommen.

Könke, Ilse: Wie finde ich den richtigen Beruf? © Auer Verlag

Arbeitsblatt

Bestandsaufnahme 2

- Jetzt stelle für jeden gefundenen Berufsbereich folgende Überlegungen an:

Der Vorteil ist …	**Der Nachteil ist …**
______________________	______________________
______________________	______________________
______________________	______________________
______________________	______________________
______________________	______________________
______________________	______________________

Der Vorteil ist …	**Der Nachteil ist …**
______________________	______________________
______________________	______________________
______________________	______________________
______________________	______________________
______________________	______________________
______________________	______________________

Setze den Vergleich für die restlichen Alternativen auf einem Extrablatt fort.

- In welchen Berufen überwiegen die Vorteile für dich?

  1. ______________________
  2. ______________________
  3. ______________________

- Informiere dich über diese Berufe genauer. Vereinbare Beratungstermine bei deinem/ deiner BeratungslehrerIn und bei den BerufsberaterInnen vom Arbeitsamt. Entscheide dich dann für deinen Weg. Um ganz sicherzugehen, kannst du ein weiteres Praktikum in den nächsten Ferien anschließen.

Erste Schritte in eine virtuelle Zukunft

Vorbereitung:

Für unseren Körper ist es gleichgültig, ob wir konkret eine Erfahrung machen oder ob wir uns diese nur vorstellen. Unser Nervensystem – und damit unser Körper – reagiert in gleicher Weise auf einen realen äußeren Impuls wie auf innere Vorstellungsbilder.

Ihr braucht euch nur einmal intensiv vorzustellen, in eine saftige Zitronenscheibe zu beißen und schon setzt der Speichelfluss ein.

Wir machen uns bei der nächsten Übung diesen Mechanismus des Körpers zunutze. Indem wir nachempfinden, wie es uns in der vorgestellten Situation ergehen könnte, nehmen wir zukünftige Erfahrungen vorweg und lernen aus diesen.

Durchführung:

1. *Für diese Übung bildet ihr eine Dreiergruppe und entscheidet, wer im ersten Durchgang A, B und C ist.*
   (3 Personen = 3 Durchgänge: Jeder ist ein Mal A = AkteurIn, B = BeobachterIn und C = Coach!)

2. *A beginnt, indem er/sie eine gedachte Zeitleiste, die aus dem Geschichtsunterricht bekannt ist, auf dem Fußboden mittels Paketband oder nur in der Vorstellung „auslegt" und die wichtigsten Punkte („V" = Vergangenheit und „Z" = Zukunft) mit kleinen bunten Zetteln markiert: Dann spürt A nach, wo sich nach seinem/ihrem Gefühl „G" = der Gegenwartspunkt befindet und markiert diesen Punkt mit einem Zettel.*

3. *A betritt die Zeitleiste im Gegenwartspunkt „G". C begleitet A auf dem Weg und stellt Fragen (s. S. 87), um die Fantasie von A anzuregen. Erreicht A die Lebensstationen St1, St2, St3, werden diese Stellen im Laufe der Übung ebenfalls markiert.*
   B beobachtet und teilt diese Beobachtungen im abschließenden Gespräch mit. Auf diese Weise geht nichts verloren, was A zusätzlich Informationen oder Erkenntnisse liefern könnte (Gestik, Mimik, Gesagtes).

Diese Übung wird einmal von den TrainingslehrerInnen und jeweils einem/einer SchülerIn vor der Klasse durchgeführt, bevor die anderen SchülerInnen sich in Kleingruppen selbst an die Übung machen.

Zeitleiste:

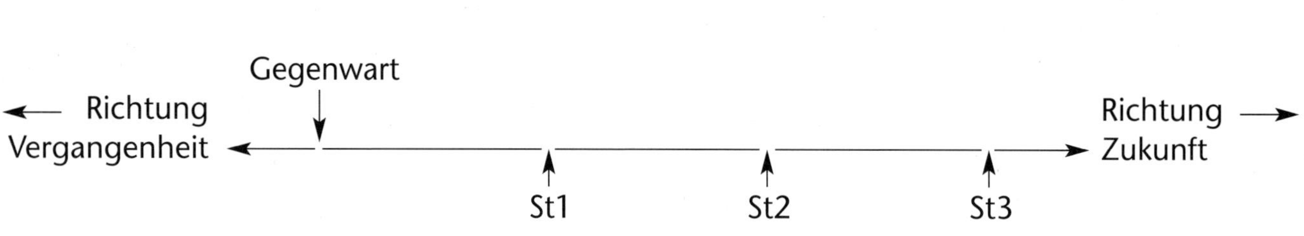

Arbeitsblatt

Erste Schritte in eine virtuelle Zukunft

A legt – ganz nach Gefühl – mit Paketband oder in Gedanken die persönliche Zeitleiste aus und markiert G = Gegenwart, V = Vergangenheit, Z = Zukunft sowie drei Stationen (St1, St2, St3).

Beispiel:

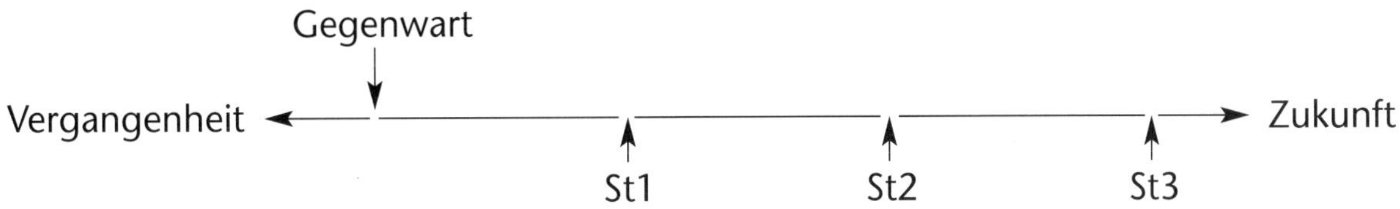

1.) A stellt sich auf den Punkt G und nennt C und B das berufliche Ziel.
2.) C gibt A Anweisungen: *Gehe jetzt auf deiner Zeitleiste einige Schritte vorwärts bis zu dem Zeitpunkt, an dem du dein Berufsziel erreicht hast. Mache das ganz nach deinem Gefühl.*
3.) C stellt Fragen. A antwortet. *Du bist jetzt* .... (z. B. Erzieherin/Einzelhandelskaufmann o. Ä.). (St1 markieren!)

- *Wie ist zu diesem Zeitpunkt deine berufliche Situation? Was machst du?*
- *Wie hat sich dein Leben im Vergleich zu heute verändert?*
- *Was denken deine Freunde/deine Familie, wenn sie dich in deinem Berufsleben beobachten?*
- *Was hat dir auf deinem Weg hierher am meisten geholfen?*
- *Welche Verhaltensweisen musstest du ablegen, welche Gewohnheiten verändern, um der Mensch zu werden, der du bist?*
- *Gehe noch einige Schritt weiter in die Zukunft und schaue auf deinen Erfolg,* .... (Berufsziel) *geworden zu sein, zurück!* (St2 markieren!)
- *Welche Schwierigkeiten musstest du überwinden, um hierher zu gelangen, und wie hast du das geschafft?*
- *Gehe noch weiter vor in deine Zukunft, bis du das Rentenalter erreicht hast.* (St3 markieren!)
- *Was empfindest du jetzt, wenn du auf dein Leben zurückschaust?*
- *Welche Fähigkeiten haben dir geholfen, um ein erfülltes Leben leben zu können?*
- *Was war auf dem Weg hierher besonders wichtig? Welche Überzeugungen haben dir am meisten geholfen?*
- *Welchen Rat kannst du von hier aus deinem Ich in der Gegenwart geben, damit es dahin gelangt, wo du jetzt bist?*
- *Tritt noch einmal auf den Gegenwartspunkt und beginne deinen Weg in die Zukunft. Wie fühlt es sich an, sich dem Berufsziel zu nähern?*

Schulstempel

.............................., den .... 20...

Elternbrief 2

An die Eltern
der Schülerinnen und Schüler der Jahrgangsstufe ....

Elternabend zum Thema *Berufsfindung*

am .... , dem..................................., um .... Uhr in Raum ....
unserer Schule.

Sehr geehrte/liebe Eltern der Klasse ....,

wie Sie durch Ihre Kinder wissen, führe ich seit Beginn des Schuljahres 20..../.... ein Intensivtraining zur Berufsfindung durch, das mit dem dreiwöchigen Praktikum in Verbindung steht und den Einstieg ins Berufsleben unterstützen soll.

Nach dem Motto *Gemeinsam machen wir unsere Kinder stark!* möchte ich Sie vor Beginn der Phase, in der es konkret um die berufliche Zukunft Ihrer Kinder geht, zu einem Elternabend einladen, an dem die/der KlassenlehrerIn, Herr/Frau .... und auch Herr/Frau .... vom Arbeitsamt anwesend sein werden.

Frau/Herr........................ vom Arbeitsamt wird Sie über weiterführende schulische oder berufliche Möglichkeiten Ihrer Kinder informieren und diesbezüglich Fragen beantworten können.

Herr/Frau .... wird Ihnen über die unterschiedlichen Abschlüsse der Sekundarstufe I und zur Erlangung des Qualifikationsvermerks Auskunft geben.

Ich selbst werde Sie über den derzeitigen Stand des Trainings und dessen weiteren Verlauf informieren. Darüber hinaus möchte ich Ihnen einen Einblick in die Kommunikationstechnik *Schallplatte mit Sprung* vermitteln, mit der auch Ihre Kindern vertraut gemacht werden, um in konfliktbeladenen Situationen gelassen am eigenen Anliegen festhalten zu können.

Nutzen Sie die Gelegenheit, sich so viele Informationen wie möglich zu beschaffen und stellen Sie Fragen! Ihre Fragen werden auch den übrigen anwesenden Eltern wichtige Impulse geben, und so kommen Sie an alles Wissenswerte, was Sie brauchen, um Ihr Kind hinsichtlich seiner Berufs- bzw. Schullaufbahn gut versorgen zu können.

Die Einbindung von Ihnen als Eltern in den Berufsfindungsprozess liegt mir sehr am Herzen, denn mit Ihrer aktiven Unterstützung wird der Einstieg ins Berufsleben für Ihre Kinder erheblich erleichtert.
Ich freue mich auf Ihre interessierte und zahlreiche Teilnahme.

Mit freundlichen Grüßen

....
TrainingslehrerIn

Material für LehrerInnen

Könke, Ilse: Wie finde ich den richtigen Beruf? © Auer Verlag

Überblick über das bisherige Intensivtraining zur Berufsfindung

► **Interessen und Fähigkeiten**
- meine Lieblingsbeschäftigungen als Kind
- meine Lieblingsbeschäftigungen heute
- Selbsteinschätzung/Fremdeinschätzung (Stärken, Charaktereigenschaften)
- Schwächen zu Stärken machen (Umdeuten)
- Berufe in meiner Familie

► **Bestandsaufnahme**
- Werbung für mich
- Berufsfindung: Traumberuf (Plakat/Referat)

► **Praktikumsvorbereitungen**
- im Fach Deutsch: Erstellen des Lebenslaufs und eines Bewerbungsschreibens
- Praktikumsstelle besorgen
- ggf. Termine beim Gesundheitsamt wahrnehmen
- Informationen zur Unfallverhütung und Wissenswertes für den Notfall
- Informationen zum Jugendarbeitsschutzgesetz
- Erwartungen an das Praktikum
- Gestaltung der Praktikumsmappe
- Interviewfragen zum Betrieb und zum Berufsfeld

► **3-wöchiges Betriebspraktikum**

► **Abgleich: Traum(-Beruf) und Realität**
- Was ist mir wichtig? (Werte bzgl. des Berufs- und Privatbereichs)
- Wertehierarchie – Erfüllungskriterien – Übereinstimmungen mit dem Berufswunsch
- Bei Zweifeln ➡ zurück zur Bestandsaufnahme und
- Alternativen finden (Vorteil/Nachteil/Auf- und Ausbaumöglichkeiten)
- Besuch im BIZ
- Erste Schritte in eine virtuelle Zukunft (Timeline)

► **Vorbereitung des Erstkontakts**
- Der erste Eindruck: Körpersprache/Kleidung/Styling
- Übungen zum freien Sprechen (Sprechanlässe: Geschichten erfinden, Witze erzählen)
- Methode *Schallplatte mit Sprung*
- Planung des telefonischen Erstkontakts mit Planungsbogen
- Rollenspiel (Bewerbung auf eine Anzeige hin)

► **Online-Bewerbung** (Vor- und Nachteile)
- Jobsuche im Internet, mit Bewerbungs-E-Mail Interesse wecken

► **Bewerbungsgespräch**
- Test-Training
- 2-minütige Selbstdarstellung
- Rollenspiel: Vorstellungsgespräch
- Umgang mit Absagen

Methode *Schallplatte mit Sprung* für Eltern

Schallplatte mit Sprung ist eine von dem amerikanischen Psychologen Zev Wanderer entwickelte verbale Fertigkeit.

Der Trick dieser wirksamen Technik liegt darin, in einem konfliktbeladenen Gespräch ruhig und gelassen am eigenen Anliegen festzuhalten und wie eine Schallplatte mit Sprung auf jedes noch so logisch erscheinende Gegenargument der GesprächspartnerInnen zu wiederholen, was wir rechtmäßig erreichen wollen.

Die Methode *Schallplatte mit Sprung* hilft, durch Beharrlichkeit noch so raffinierte Ablenkmanöver ignorieren zu können. Es geht nicht darum, unseren Wunsch zu begründen!

Unser Wunsch wird so lange wiederholt, bis dem vorgetragenen Anliegen nachgekommen wird oder unser Gegenüber Kompromissbereitschaft signalisiert.

Natürlich irritiert diese ungewohnt stereotype Vorgehensweise zu Anfang. Doch es gilt zu bedenken, dass bereits winzige Abweichungen von unserer Forderung unserem Gegenüber Gelegenheit bieten, uns von unserem Anliegen abzubringen.

Es geht nicht darum, das eigene Ziel unbedingt durchzudrücken, sondern mit einem Gefühl der Selbstachtung aus dem Konflikt zu gehen, statt mit dem Gefühl, wieder einmal nachgegeben zu haben.

Als Eltern, die das Beste für ihre Kinder wollen, ist es manchmal sehr hilfreich, eine effektive Methode zur Hand zu haben, wenn es darum geht, aus guten Gründen gegenüber unangemessenen und nervigen Forderungen unserer Kids, standhaft zu bleiben.

Es macht nämlich unsere besten Erziehungsabsichten zunichte, wenn wir in unserem erzieherischen Ziel – aus welchen Gründen auch immer (z. B. Stress) – nicht standfest sind.

Folie:

Das Gesprächsschema:

A stellt eine *legitime* Forderung (z. B. den Müll rauszutragen)
B leistet Widerstand
A beharrt ruhig, freundlich, aber unbeirrt auf seiner Forderung
B leistet Widerstand
A beharrt auf der Forderung
usw.

oder

B stellt eine *unangebrachte* Forderung (z. B. ein teures Marken-Shirt zu kaufen)
A lehnt ruhig, aber bestimmt ab
B leistet Widerstand
A bleibt konsequent und ruhig bei der Ablehnung
usw.

Könke, Ilse: Wie finde ich den richtigen Beruf? © Auer Verlag

Schallplatte mit Sprung: Verschärfte Form

Ein Versicherungsvertreter möchte Hans, einem jungen Familienvater und Bauherrn, zur Absicherung seines Baudarlehens noch eine Lebensversicherung verkaufen. Aber dieser ist nicht interessiert.

Es ist doch sicher Ihr Wunsch, dass Ihre Kinder auch dann in dem schönen Haus wohnen bleiben können, wenn Ihnen etwas zustößt …

Sicher ist das mein Wunsch, aber ich bin an einer Lebensversicherung nicht interessiert.

Ihre Frau würde sicher auch ruhiger schlafen können, wenn die Finanzierungsfrage im Falle eines plötzlichen Ablebens des Versorgers geregelt wäre.

Das mag sein, aber ich bin nicht interessiert.

Zusammen mit dem Darlehen können wir Ihnen die Lebensversicherung zu besonders günstigen Konditionen überlassen.

Ich verstehe Sie, aber ich bin nicht interessiert.

Sie wollen sich dieses Geschäft entgehen lassen?

Ich verstehe, was Sie wollen, aber ich bin nicht interessiert.

Sie verstehen eben nicht, sonst würden Sie Ihrer Familie das Heim erhalten wollen.

Ich verstehe Ihre Sorge, aber ich bin nicht interessiert.

Sie sagen immer nur „ich verstehe“. Fällt Ihnen nichts anderes ein?

Das tut es, aber ich bin nicht interessiert.

Ich möchte nur eine Frage an Sie stellen: Wie alt sind Ihre Kinder?

Ich verstehe Ihre Frage, aber ich bin nicht interessiert.

Sie wollen mir nicht mal sagen, wie alt Ihre Kinder sind?

Ich will Ihnen sagen, ich bin nicht interessiert.

Was? Sie wollen mir nicht mal diese einzige Frage beantworten?

Ich kann nur wiederholen: Ich bin nicht interessiert und jetzt gehen Sie bitte.

Vielleicht überlegen Sie es sich ja noch mal.

Ich verstehe, aber ich bin nicht interessiert.

Schallplatte mit Sprung: Gemäßigte Form

Schüler S. möchte vom Personalchef einige Auskünfte einholen, bevor er sich um die angebotene Stelle bewirbt. Einen Stift und den Zettel mit seinem Informationswunsch hat er neben dem Telefon bereitliegen. Er wählt sich ein und es scheint, als käme er über die Zentrale nicht hinaus. Nur Beharrlichkeit hilft ihm da weiter …

Zentrale der Plutonia Versicherungs AG, guten Tag. Sie sprechen mit Michaela Liebich. Was kann ich für Sie tun?

Ich rufe aufgrund des Stellenangebotes „Ausbildung zum Versicherungskaufmann" an und möchte gern mit der Personalabteilung verbunden werden. Wer ist für Einstellungen von Azubis zuständig?

Das ist Herr B., aber worum geht es genau? Vielleicht kann ich Ihnen da schon weiterhelfen.

Das ist freundlich. Ich benötige noch einige Informationen, bevor ich meine Bewerbungsunterlagen abschicke und möchte mein Anliegen daher doch lieber Herrn B. persönlich vortragen.

Er ist im Moment leider unabkömmlich.

Dann verbinden Sie mich bitte mit seinem Stellvertreter.

Das passt im Moment auch nicht. Schicken Sie uns doch einfach Ihre Bewerbungsunterlagen zu.

Dafür brauche ich – wie gesagt – noch einige Informationen und es ist mir wichtig, meine Fragen vorab in einem kurzen Gespräch zu klären. Wer könnte mir aus der Personalabteilung sonst noch bzgl. meiner Bewerbung Auskunft geben?

Schicken Sie uns – wie all die anderen auch – Ihre Unterlagen und dann bekommen Sie von uns einen schriftlichen Termin für ein Gespräch, wenn das Personalbüro der Meinung ist, dass Sie für die Stelle geeignet sind.

Ich möchte aber vor meiner schriftlichen Bewerbung noch einiges abklären und das geht am schnellsten in einem kurzen Telefonat mit Herrn B. als Personalchef oder seinem Stellvertreter.

Es tut mir leid, aber das passt im Moment überhaupt nicht.

Gut, wann wäre der passende Zeitpunkt? Ich rufe dann später noch mal an.

Ah, ich sehe gerade, das Gespräch auf Apparat 6 von Herrn K. ist beendet worden. Er kann Ihnen weiterhelfen. Er ist unser Ausbildungsleiter.

Ja. Danke, Frau Liebich.

Fortsetzung: **Methode *Schallplatte mit Sprung***

Vorbereitung:

- *Suchen Sie sich eine PartnerIn, mit dem/der Sie die Technik* Schallplatte mit Sprung *üben wollen.*

Durchführung:

- Alle KinderdarstellerInnen setzen sich vor der Übung zusammen, um gemeinsam gute Argumente zu finden, mit denen sie die ElternrollenspielerInnen überzeugen wollen.

- Die ElterndarstellerInnen überlegen ihrerseits gemeinsam mit anderen Elternrollenspieler-Innen, was ihr Erziehungsziel im Zusammenhang mit der Aufgabenstellung ist, und lesen ggf. noch einmal den Beispieldialog durch.

Im zweiten Durchgang werden die Rollen gewechselt.
- Die Elternrollenspieler werden nun zu Kinderrollenspielern und setzen sich zum Finden schlüssiger Argumente zusammen, bevor sie sich auf ihr Spiel mit den „Eltern" einlassen.
- Die früheren KinderdarstellerInnen werden zu Elternrollenspielern.

Spielen Sie die folgenden Situationen:

1. *Sie als Mutter/Vater haben die legitime Forderung an Ihr Kind, endlich – wie abgesprochen – die Spülmaschine auszuräumen.*
   Ihr Kind erfindet immer neue Ausreden, um dieser langweiligen Pflicht zu entgehen.

2. *Ihr Kind möchte mit Freunden ins Kino gehen und bittet Sie um das Eintrittsgeld. Sie als verantwortungsbewusster Elternteil lehnen das ab, weil Ihr Kind schon letzte Woche für eine CD Taschengeldvorauszahlung bekommen hat.*

Auswertung:

- Wie habe ich mich als Vater/Mutter bei der Übung gefühlt?
- Wie war es für mich als Mutter/Vater, die Technik der *Schallplatte mit Sprung* nach einem anstrengenden Arbeitstag zur Verfügung zu haben?
- Wie habe ich bisher auf die nervigen Quengeleien meines Kindes reagiert?
- Wie erging es mir in der Rolle des Kindes?
- Was ist mir noch aufgefallen?

Anmerkung:

Da bei dieser Technik sämtliche Äußerungen des Gegenübers weitgehend ignoriert werden, vermitteln wir dem anderen die Botschaft, ihn nicht ernst zu nehmen. Deshalb sollte diese Methode nur in Ausnahmefällen angewendet werden, um die Beziehung zu unserem Gesprächspartner nicht unnötig zu belasten.

Informations- und Arbeitsblatt

Methode *Schallplatte mit Sprung* für SchülerInnen

Schallplatte mit Sprung ist eine von dem amerikanischen Psychologen Zev Wanderer entwickelte verbale Fertigkeit.
Bei dieser Methode geht es darum, sich vom Gegenüber weder ablenken noch unter Druck setzen zu lassen, sondern gelassen und konsequent beim Thema zu bleiben.

Der Trick dieser wirksamen Technik soll dir im Fall einer Anfrage helfen, dich nicht gleich durch unfreundliche Zwischenkontakte, z. B. mit einer Telefonistin/einem Assistenten, von deinem eigentlichen Ziel abbringen zu lassen. Wie bei einer Schallplatte mit Sprung kannst du beispielsweise auf unfreundliche Abwimmelversuche eines gestressten Mitarbeiters dein Anliegen immer wieder wiederholen: Du möchtest die für deine Bewerbung wichtigen Leute (Ausbildungsleiter/Personalchef) sprechen.

Es geht nicht vorrangig darum, das eigene Ziel unbedingt durchzudrücken, sondern darum, mit einem guten Gefühl der Selbstachtung aus dem Gespräch zu gehen. Du hast dich nicht vom ersten Nein einschüchtern lassen, sondern Beharrlichkeit gezeigt und nicht sofort aufgegeben. Es soll Arbeitgeber geben, denen ein solcher Wesenszug gefällt ...

Das Gesprächsschema:

A stellt eine *legitime* Forderung (z. B. den Müll rauszutragen)
B leistet Widerstand
A beharrt ruhig, freundlich, aber unbeirrt auf seiner Forderung
B leistet Widerstand
A beharrt auf der Forderung
usw.

oder

B stellt eine *unangebrachte* Forderung (z. B. ein teures Marken-Shirt zu kaufen)
A lehnt ruhig, aber bestimmt ab
B leistet Widerstand
A bleibt konsequent und ruhig bei der Ablehnung
usw.

Trainingsaufgabe:

Suche dir jemanden und übe mit ihr/ihm die Technik *Schallplatte mit Sprung* unter folgender Aufgabenstellung:

1. Dein/e FreundIn soll dir endlich deine CD wieder zurückgeben. Das hat sie/er schon seit einiger Zeit versprochen, hält sich aber nicht daran.
   (Auch hier muss die Freundin vorher gute Ausreden sammeln, denn sie kann die CD nicht zurückgeben, da sie sie selbst weiterverliehen hat!)
2. Du als Mutter einer 13-jährigen Tochter magst deren neue Freundin nicht und verbietest den Umgang mit ihr.
   (Tochter sammelt Argumente!)
3. Mark möchte mit seiner Clique ins Kino gehen. Du als Elternteil verbietest es, weil Mark schon letzte Woche für einen Film um Taschengeldvorauszahlung gebeten hat.
   (Mark sammelt Argumente.)

Könke, Ilse: Wie finde ich den richtigen Beruf? © Auer Verlag

Informationsblatt

Schallplatte mit Sprung

Schüler S. möchte vom Personalchef einige Auskünfte einholen, bevor er sich um die angebotene Stelle bewirbt. Einen Stift und den Zettel mit seinem Informationswunsch hat er neben dem Telefon bereitliegen. Er wählt sich ein und es scheint, als käme er über die Zentrale nicht hinaus. Nur Beharrlichkeit hilft ihm da weiter …

Zentrale der Plutonia Versicherungs AG, guten Tag. Sie sprechen mit Michaela Liebich. Was kann ich für Sie tun?

Ich rufe aufgrund des Stellenangebotes „Ausbildung zum Versicherungskaufmann" an und möchte gern mit der Personalabteilung verbunden werden. Wer ist für Einstellungen von Azubis zuständig?

Das ist Herr B., aber worum geht es genau? Vielleicht kann ich Ihnen da schon weiterhelfen.

Das ist freundlich. Ich benötige noch einige Informationen, bevor ich meine Bewerbungsunterlagen abschicke und möchte mein Anliegen daher doch lieber Herrn B. persönlich vortragen.

Er ist im Moment leider unabkömmlich.

Dann verbinden Sie mich bitte mit seinem Stellvertreter.

Das passt im Moment auch nicht. Schicken Sie uns doch einfach Ihre Bewerbungsunterlagen zu.

Dafür brauche ich – wie gesagt – noch einige Informationen und es ist mir wichtig, meine Fragen vorab in einem kurzen Gespräch zu klären. Wer könnte mir aus der Personalabteilung sonst noch bzgl. meiner Bewerbung Auskunft geben?

Schicken Sie uns – wie all die anderen auch – Ihre Unterlagen und dann bekommen Sie von uns einen schriftlichen Termin für ein Gespräch, wenn das Personalbüro der Meinung ist, dass Sie für die Stelle geeignet sind.

Ich möchte aber vor meiner schriftlichen Bewerbung noch einiges abklären und das geht am schnellsten in einem kurzen Telefonat mit Herrn B. als Personalchef oder seinem Stellvertreter.

Es tut mir leid, aber das passt im Moment überhaupt nicht.

Gut, wann wäre der passende Zeitpunkt? Ich rufe dann später noch mal an.

Ah, ich sehe gerade, das Gespräch auf Apparat 6 von Herrn K. ist beendet worden. Er kann Ihnen weiterhelfen. Er ist unser Ausbildungsleiter.

Ja. Danke, Frau Liebich.

Informationsblatt

Planung des telefonischen Erstkontakts

Durch einen Anruf kannst du dich bereits im Vorfeld einer Bewerbung positiv von anderen Mitbewerbern abheben. Die meisten Firmen suchen heute kontaktfreudige und kommunikative MitarbeiterInnen. Ein gut vorbereitetes Telefongespräch kann da schon sehr förderlich sein.

Bei dem Telefongespräch vermittelst du einen ersten Eindruck von dir. Und der erste Eindruck stellt die Weichen für das, was folgen wird, und schwingt bei allen Entscheidungen der maßgeblichen Leute im Hinterkopf mit.

Deshalb muss bereits der telefonische Erstkontakt gründlich und am besten schriftlich vorbereitet sein!

▶ Du hast natürlich, bevor du mit deiner Bewerbung begonnen hast, möglichst viele **Informationen über das anvisierte Unternehmen** eingeholt (Internet, Broschüren, Pressemappe, Mitarbeiterzeitung, Gespräch mit Firmenangestellten)!

▶ Welche **Unterlagen** benötigst du evtl. während des Gespräches?
Ordne alle Unterlagen, Zeugnisse, Nachweise, Daten und halte sie für das Gespräch griffbereit!

▶ Den **Zeitpunkt deines Anrufes** bestimmst du. Achte deshalb darauf, dass du dich an dem Tag in einer positiven Stimmung befindest. Denn wer sich gut fühlt, dessen Stimme klingt freundlich und sympathisch.

Überlege: Wann ist der günstigste Zeitpunkt für ein Gespräch?

• Ärzte:	8.30 – 9.30, 13.00 – 15.00 Uhr
• Einzelhandel:	8.30 – 10.00, 14.30 – 15.30 Uhr
• Großhandel:	8.00 – 11.00, 14.00 – 15.30 Uhr
• Handelsvertretungen:	8.00 – 9.30, 17.30 – 20.00 Uhr
• Industrie:	8.30 – 11.00, 14.30 – 16.00 Uhr
• Handwerker:	7.00 – 9.00, 16.00 – 18.00 Uhr
• Rechtsanwälte:	8.00 – 9.00, 14.00 – 16.30 Uhr

▶ Vergegenwärtige dir noch einmal die Technik der *Schallplatte mit Sprung*. Das hilft dir, falls dir unfreundliche oder schlecht gelaunte Leute den Zugang zu deinem gewünschten Ansprechpartner verstellen wollen.

▶ Wer ein klares Gesprächsziel vor Augen hat, dessen **Stimme** klingt klar und fest, und auch das wird von deinem Gesprächspartner wahrgenommen.

▶ Wen möchtest du sprechen? Wer ist der **zuständige Ansprechpartner** für dein Anliegen? Das erfährst du z. B. über die Telefonzentrale.

▶ Notiere dir unbedingt die **Namen des Ansprechpartners** und sprich ihn mit seinem Namen an (bei der Begrüßung, während des Gespräches und bei der Verabschiedung).

▶ Wen möchtest du **bei Abwesenheit des Ansprechpartners** ersatzweise sprechen?

▶ Welche **Nachricht** könntest du ggf. hinterlassen?

▶ Gehe systematisch vor und verwende den **Planungsbogen**!

Könke, Ilse: Wie finde ich den richtigen Beruf? © Auer Verlag

Informationsblatt

Fortsetzung: **Planung des telefonischen Erstkontakts**

- Wenn sich deine GesprächspartnerInnen am anderen Ende der Leitung nur undeutlich mit Namen melden, **frage nach:** „Mit wem spreche ich bitte?" Es kann ja sein, dass es sich um jemand anderen als den Gewünschten handelt!
- Frage generell nach, wenn du etwas akustisch oder inhaltlich nicht verstanden hast! Dazu kannst du auch den Gesprächsfluss deines Gegenübers unterbrechen.
- **Wie stellst du dich vor,** nachdem du deine/n AnsprechpartnerIn begrüßt hast (Dein Name … Guten Tag, Herr/Frau …! Ich …)?
  Hast du einen schwierig auszusprechenden Namen, dann buchstabiere ihn nach dem Buchstabieralphabet:
  A = Anton/B = Berta/C = Cäsar/D = Dora/
  E = Emil/F = Friedrich/G = Gustav/
  H = Heinrich/I = Ida/J = Julius/
  K = Kaufmann/L = Ludwig/M = Marta/
  N = Nordpol/O = Otto/P = Paula/
  Q = Quelle/R = Richard/S = Siegfried/
  T = Theodor/U = Ulrich/V = Viktor/
  W = Wilhelm/X = Xanthippe/
  Y = Ypsilon/Z = Zacharias
- Wie willst du das **Gespräch beginnen?**
  - Meldest du dich aufgrund einer **Anzeige**?
  - Bewirbst du dich unaufgefordert (Initiativbewerbung)?
    Dann solltest du zunächst fragen, ob dein Ansprechpartner in diesem Augenblick Zeit für dich hat. Wenn nicht, bitte um einen konkreten anderen Termin.
  - Was willst du wissen/fragen?
- Kläre im Verlauf des Gespräches, ob deine Bewerbung Aussicht auf Erfolg hat. Frage nach dem **Wunschkandidaten** für den angebotenen Posten und richte dein Bewerbungsschreiben danach aus.
- Gleichgültig, ob deine Chancen gut stehen oder nicht: **Bedanke dich** freundlich bei deinem Gesprächspartner für das informative Gespräch.
- Fertige nach dem Telefonat einige **Notizen** an:
  - Was ist gut gelaufen?
  - Was sollte ich das nächste Mal anders machen?
- Außerdem: **Telefonieren ist Übungssache.**
  Melde dich doch erst einmal probeweise bei Unternehmen, an denen du weniger interessiert bist. Du bekommst dadurch die nötige Routine. Und vielleicht erreichst du sogar mit einer solch lockeren Probebewerbung etwas ganz Unvermutetes und die Sache wird plötzlich interessant für dich.
- Nach einem Telefongespräch fällt der erste Satz im **Anschreiben** an die für deine Bewerbung zuständige Stelle leichter, denn du kannst darauf Bezug nehmen.

Informations- und Arbeitsblatt

Planungsbogen für den telefonischen Erstkontakt

► **Vorbereitung:**

- **Unternehmen:** ______
- **Anschrift:** ______
- **Telefon:** ______ / ______
- **Firmeninformationen:**

______

______

- **Unterlagen** (Zeugnisse/Nachweise): ______

______

- **Zeitpunkt** für ein Gespräch? ______

► **Gesprächsverlaufsplanung:**

- **AnsprechpartnerIn** für mein Anliegen: Herr/Frau ______

evtl. Durchwahl: ______/______ – ______

- **StellvertreterIn:** Herr/Frau ______

evtl. Durchwahl: ______/______ – ______

- **Begrüßung**: dein Name: ______ Guten Tag, Herr/Frau ______

______

- **Gesprächseinstieg** (mein Anliegen): ______

______

______

- Fragen zu meinem **Zielberuf** (Ausbildung, Aufstiegsmöglichkeiten, Bewerbungsmodalitäten usw.):

1. ______
2. ______
3. ______
4. ______

Könke, Ilse: Wie finde ich den richtigen Beruf? © Auer Verlag

Informations- und Arbeitsblatt

Fortsetzung: **Planungsbogen für den telefonischen Erstkontakt**

- **Bedenken** gegen meine Anstellung: ______________________________

  ____

  Gegenargumente: ______________________________

  ____

- **Wunschkandidaten:** ______________________________

  ____

- **meine Vorzüge:** ______________________________

  ____

- **bisherige Schul- und Berufsausbildung:** ______________________________

  ____

- **Vorteile:**

für die Firma	für mich

- **Bewerbungsaussichten:** ______________________________

  ____

- **Termin für ein persönliches Gespräch:** ______________________________

  ____

- **Beendigung des Gesprächs und Dank:** ______________________________

  ____

  ____

► **Schlussnotiz:**

- Was ist gut gelaufen? ______________________________
- Was könnte ich anders machen? ______________________________

Rollenspiel

Absicht:

Im Rollenspiel soll eingeübt werden:

- sich unbeirrt bis zu den für die Bewerbung zuständigen Leuten durchzufragen.
- sich nicht gleich durch unfreundliche und schlecht gelaunte Kontaktpersonen vom eigenen Ziel (die zuständigen Ansprechpartner ans Telefon zu bekommen) abbringen zu lassen.
- mittels der Technik *Schallplatte mit Sprung* beharrlich das eigene Ziel im Auge behaltend nachzuhaken, bis die wichtigsten Fragen beantwortet sind.
- Durchsetzungsvermögen und verbindliches Auftreten miteinander zu verbinden.

Die SchülerInnen können nach dem eigentlichen Bewerbungsgesprächstraining ermutigt werden, ihre neu erworbenen Fähigkeiten in einer Bewerbung bei einem Unternehmen, an dem sie weniger interessiert sind, zu erproben und ihren aktuellen „Marktwert" zu testen, um ggf. das Fehlende zu ergänzen.

Material:

- Haustelefon mit verschiedenen Anschlüssen, Spieltelefone/eigene abgeschaltete Handys
- Rollenkarten
- Planungsformulare für die Bewerber, Papierbögen, Stifte
- Stellwände als Sichtschutz

Zeit: ca. 90 Minuten

Durchführung:

A. Das Rollenspiel wird in der Kleingruppe eingeübt und vor der Klasse vorgeführt.

Vorteile:
- Die Mitglieder der Kleingruppe kennen alle Rollenkarten und können aus einem gemeinsamen Ideenpool schöpfen.
- Die Diskussionsfähigkeit wird gefördert.
- Schüchterne SchülerInnen können in der Kleingruppe Unterstützung für ihre Rolle erfahren.
- Es bieten sich Vergleichsmöglichkeiten der verschiedenen Darstellungen und damit hilfreiche Anregungen.

Nachteil:
- Gehemmte SchülerInnen erleben erhöhten Stress aus Angst vor kritischen Bemerkungen vorlauter MitschülerInnen.

B. Das Rollenspiel wird in Einzelarbeit vorbereitet und innerhalb der Kleingruppe gespielt.

Vorteile:
- Die Kleingruppe bietet ein geschütztes Experimentierfeld, in dem Fehler erlaubt sind und durch respektvolle Hilfestellung Korrektur erfahren wird.
- Die verbesserte Version kann unmittelbar umgesetzt und auf Tauglichkeit getestet werden.
- Die Situation ist relativ realistisch, da die Bewerber die Reaktionen/Antworten der anderen Mitwirkenden nicht kennen.

Nachteil:
- Das modellhafte Lernen durch andere Kleingruppen fällt weg – und damit eine Erweiterung der eigenen Möglichkeiten.

C. Wie B, nur können sich zum Schluss Freiwillige zum Vorführen ihrer Version melden und der Klasse präsentieren. In der Feedbackrunde gilt die Regel, nur das Positive hervorzuheben.

Vorteile:
- vgl. B
- Die SchülerInnen der Kleingruppe können vor offener Kritik sicher sein, bekommen aber auf indirektem Wege trotzdem Feedback zu weniger gelungenen Lösungen.
- Die SchülerInnen lernen, auf konstruktive Weise Feedback zu geben.

Nachteil:
- Verdrängungsmechanismen einzelner SchülerInnen könnte Vorschub geleistet werden.

Nachbesprechung:

- Wie hat mir dieses Experiment gefallen?
- Habe ich alle wichtigen Informationen erhalten?
  - Wenn ja: Wie habe ich das geschafft?
  - Wenn nein: Was war der Grund?
  - Was an meinem Verhalten hat dazu beigetragen, nicht alle Informationen zu bekommen?
- Was werde ich beim nächsten Mal anders machen?
- Was möchte ich sonst noch sagen?
- Wie fühle ich mich jetzt?

Könke, Ilse: Wie finde ich den richtigen Beruf? © Auer Verlag

Arbeitsblatt

Rollenkarte 1

BewerberIn

► Dein Berufswunsch ist der des Versicherungskaufmannes/der Versicherungskauffrau. In der Samstagsausgabe der Tageszeitung findest du ein Angebot, das dich neugierig macht:

Sie wollen mehr?
Sie wollen weiterkommen?
Sie wollen Karriere machen?

Plutonia Versicherung

Die älteste Lebensversicherung im SHK geht mit dem Angebot von 3 Ausbildungsplätzen beispielhaft voran und ermöglicht Ihnen zum 1. August den Start zu einer Karriere im Versicherungswesen. Wir bilden aus zur/zum

Versicherungskauffrau/Versicherungskaufmann

Die interessante und abwechslungsreiche Ausbildung dauert mit FO-Reife oder Abitur 2½ Jahre. Während dieser Zeit durchlaufen Sie sämtliche Abteilungen unseres Hauses, lernen unser Service-Center in Wohlmannshausen kennen und werden zusätzlich 6–8 Wochen bei zwei anderen Gesellschaften in den Sparten Unfall-, Kranken-, und Schadensversicherung ausgebildet. Außerdem nehmen Sie am innerbetrieblichen Unterricht teil, der zum großen Teil nach Ihren Wünschen gestaltet wird.
Unsere AusbilderInnen vermitteln Ihnen mit Begeisterung das nötige Rüstzeug für einen erfolgreichen Abschluss.

Gern vereinbaren wir mit Ihnen einen Gesprächstermin. Schicken Sie Ihre Bewerbungsunterlagen (mit tabellarischem Lebenslauf, Zeugnissen, Lichtbild) an:

Plutonia Versicherung
Herrn Freundlich
I. Segensreich Allee 6
10203 Glücksstadt
Tel.: 0123 456 78 910
E-Mail: Plutonia@Vers.de

► **Aufgabe:** Die Anzeige klingt verlockend und du beschließt, bei der Versicherung anzurufen, um nähere Informationen über die Ausbildung, Anforderungen und Aufstiegsmöglichkeiten – und natürlich die erforderlichen Bewerbungsunterlagen – einzuholen.

Hinweise zum Rollenspiel:

- Bei diesem Rollenspiel spielen 4 Personen mit:
  1. Du als AnruferIn und BewerberIn,
  2. Michaela Fleißig, Telefonistin,
  3. Franz Freundlich, Ausbildungsleiter (Abteilungsleiter),
  4. Lothar Redefix, Personalleiter (Regionalgeschäftsführer).
- Alle Mitspieler haben ihre spezielle Rollenkarte. Während sich die anderen auf ihre Rolle vorbereiten, überlegst du dir, was du Herrn Freundlich fragen willst. Du hast 20 Minuten Vorbereitungszeit.
  Bereite mithilfe des Planungsbogens deine telefonische Kontaktaufnahme vor.

Rollenkarte 2

Michaela Fleißig: Telefonistin in der Zentrale der *Plutonia*

► Michaela Fleißig ist eine sehr hilfsbereite junge Frau und hat im Laufe der Zeit neben ihrer Tätigkeit als Telefonistin immer mehr Aufgaben übernommen: Sie sorgt dafür, dass die anfallende Post pünktlich und frankiert verschickt wird und verteilt die eingegangene Post auf die Mitarbeiterablagen. Sie heftet Broschüren ab und übernimmt hin und wieder den Kopierdienst.

► Immer wieder ertappt sie sich dabei, dass sie nachmittags schlecht gelaunt und mit Kopfschmerzen nach Hause kommt, wo dann auch noch die Hausarbeit auf sie wartet. Immer öfter hat sie das Gefühl, dass ihr das Ganze über den Kopf wächst …

Heute ist ein besonderer Stresstag:
Sie weiß, dass am Wochenende zwei Anzeigen der *Plutonia* in der Zeitung standen (ein Ausbildungsangebot für SchulabgängerInnen zum Versicherungskaufmann/zur Versicherungskauffrau und ein Angebot für Fachberater- und SachgebietsleiterInnen). Deswegen kommen heute besonders viele Anrufe bei ihr an. Viele Quereinsteiger wollen das Angebot der Sachgebietsleitung nutzen, um sich beruflich zu verändern. Es melden sich aber auch zahlreiche AnruferInnen, die sich um einen Ausbildungsplatz bewerben möchten.

► Der Personalchef (Regionalgeschäftsführer) Herr Redefix bereitet gerade ein Mitarbeitertraining vor.
Aus diesem Grund möchte er heute nach Möglichkeit nicht gestört werden.

► Frau Fleißig hat die Order, alle AnruferInnen darauf hinzuweisen, dass sie ihre Bewerbungsunterlagen an die *Plutonia* schicken sollen. Nur ganz dringende Gespräche oder auf ausdrückliche Nachfrage der BewerberInnen soll sie durchstellen. Sie selbst darf keine Auskünfte geben. Das ist nicht ihre Aufgabe.

Anrufe wegen der Ausbildungsplätze leitet sie gewöhnlich an Herrn Freundlich, den Ausbildungsleiter (Abteilungsleiter), weiter.
Heute ist sie genervt und macht das nur, wenn Fragen im Zusammenhang mit der Ausbildung kommen.

Hinweise zum Rollenspiel:

- Bei diesem Rollenspiel spielen 4 Personen mit:
  1. Du selbst als Michaela Fleißig,
  2. BewerberIn,
  3. Franz Freundlich, Ausbildungsleiter (Abteilungsleiter),
  4. Lothar Redefix, Personalleiter (Regionalgeschäftsführer).
- Alle Mitarbeiter haben ihre spezielle Rollenkarte. Während sich die anderen auf ihre Rolle vorbereiten, überlegst du dir, wie du dich bei dem Telefonat verhalten wirst. Du hast 20 Minuten Vorbereitungszeit. Bereite mithilfe des Planungsbogens deine Gesprächsbeiträge vor.

Rollenkarte 3

Franz Freundlich: Abteilungs- und Ausbildungsleiter der *Plutonia*

▶ Er ist für das gesamte Bewerbungsverfahren der zukünftigen Azubis zuständig. Er beantwortet bereitwillig alle Fragen der AnruferInnen und erklärt auf Anfrage, welche Bewerbungsunterlagen erforderlich sind (Bewerbungsschreiben, tabellarischer Lebenslauf mit Foto, Kopien des Abgangszeugnisses, Bescheinigungen über Praktika und Kurse (z. B. EDV-Kurs, Rhetorik-Kurs usw.)).

▶ Wenn Herr Freundlich danach gefragt wird, gibt er Auskunft über das Bewerbungsverfahren der *Plutonia.* Die Bewerbungsunterlagen werden genau geprüft. Dabei wird auf gute Zeugnisnoten geachtet. Die sog. Kopfnoten haben besondere Bedeutung:
- Sozialverhalten: Sie zeigen, wie sich die BewerberInnen in ein Team einfügen.
- Mitarbeit im Unterricht: Diese Beurteilung ist interessant, wenn man etwas über Motivation, Arbeitseinsatz und Engagement der BewerberInnen erfahren möchte.
- Fehlstunden: Sie sagen etwas über die persönliche Belastbarkeit aus.

▶ Die BewerberInnen mit den besten Voraussetzungen und Zeugnissen werden in einem zweistündigen **schriftlichen Eignungstest** in folgenden Bereichen geprüft:
- Allgemeinwissen, Deutsch, Mathematik, räumliches Vorstellungsvermögen, logisches Denken, Merkfähigkeit und Konzentration.

▶ Die KandidatInnen mit den besten Testergebnissen erhalten nach ca. zehn Tagen in einer schriftlichen Mitteilung eine Einladung zum **persönlichen Gespräch**.
In diesem halbstündigen Vorstellungsgespräch bekommen die BewerberInnen Gelegenheit, sich und ihr Anliegen vorteilhaft einzubringen und Fragen von Herrn Redefix, dem Personalchef, seiner Stellvertreterin Frau Witzig, Herrn Freundlich selbst und einer der Ausbildungsbeauftragten zu beantworten.
Gute sprachliche Ausdrucksfähigkeiten sind dabei notwendig.
Aber auch sicheres Auftreten in dezenter Kleidung und ein gepflegtes Äußeres haben Bedeutung, denn darauf wird auch später im Kontakt mit KundInnen streng geachtet.

▶ Eine Woche nach dem erfolgreichen Vorstellungsgespräch erhalten die BewerberInnen einen **schriftlichen Bescheid** mit der Zusage der Ausbildungsstelle.
Wer im Vorstellungsgespräch nicht überzeugen konnte, bekommt im gleichen Zeitraum eine schriftliche Absage.

▶ Herr Freundlich kennt natürlich auch den Lohn der Azubis und gibt auf diesbezügliche Fragen gerne Auskunft:

1. Ausbildungsjahr:	711,– Euro
2. " :	780,– "
3. " :	854,– "

▶ Über Aufstiegsmöglichkeiten möchte Herr Freundlich sich nicht weiter äußern, denn dieser Bereich fällt in den Kompetenzbereich des Personalleiters Herr Redefix.
Herr Freundlich lässt lediglich durchblicken, dass die Bewerbergruppe für das zeitgleich in der Zeitung erschienene Angebot für Fach- und Führungskräfte in einem Assessment-Center geprüft werden. Hier müssen mehrere BewerberInnen für eine Stelle in einer Konkurrenzsituation beweisen, dass sie die beste Voraussetzung für das Unternehmen mitbringen.
Kein Zuckerschlecken für die KandidatInnen!

Hinweise zum Rollenspiel:
- Bei diesem Rollenspiel spielen 4 Personen mit:
  1. Du selbst als Franz Freundlich,
  2. Michaela Fleißig, Telefonistin,
  3. BewerberIn,
  4. Lothar Redefix, Personalleiter (Regionalgeschäftsführer).
- Alle Mitspieler haben ihre spezielle Rollenkarte. Während sich die anderen auf ihre Rolle vorbereiten, überlegst du dir, wie du dich während des Telefonats verhalten wirst. Du hast 20 Minuten Vorbereitungszeit. Bereite mit Hilfe des Planungsbogens deine Gesprächsbeiträge vor.

Rollenkarte 4

Lothar Redefix: Regionalgeschäftsführer und Personalchef der *Plutonia*

► Er kennt sich in allem, was Bewerbungs- und Einstellungsverfahren sowie die Ausbildung der Azubis betrifft, aus.

Es ist Herrn Redefix ein besonderes Anliegen, für eine gute Mitarbeiterschulung zu sorgen.
Da er gerade eine solche vorbereitet, hat er Frau Fleißig, der Telefonistin, Anweisung gegeben, heute nur dringende Anrufe durchzustellen oder solche, bei denen dies ausdrücklich von den BewerberInnen gewünscht wird. Schließlich kann Herr Freundlich als Ausbildungsleiter ebenso kompetent Fragen im Zusammenhang mit der Lehrlingsausbildung beantworten.

► Haben hartnäckige BewerberInnen es durchgesetzt, mit dem Personalchef persönlich verbunden zu werden, ist ihm als gut trainierter und geschickter Kommunikator kein Stress anzumerken.

► Er fragt die BewerberInnen, auf welche Anzeige hin sie sich melden.
Bei SchülerInnen erkundigt er sich nach dem Schulabschluss, dem Notenstand in Deutsch und Mathematik, nach dem Neigungsschwerpunkt und den Gründen, weshalb sie sich für den Beruf der Versicherungskauffrau/des Versicherungskaufmannes interessieren.

► Danach empfiehlt er den AnruferInnen, ihre Bewerbungsunterlagen der *Plutonia* zuzuschicken und beendet das Gespräch.

► Wenn jemand über den Ausbildungsverlauf Auskunft haben möchte, stellt er das Gespräch zu Herrn Freundlich durch.

► Nach Aufstiegsmöglichkeiten bei der *Plutonia* gefragt, berichtet er, dass nach der Ausbildung Lehrgänge auf die Aufgaben von FachberaterInnen vorbereiten.
Durch stete Weiterbildung ist es möglich, sich für den Posten der BezirksgeschäftsführerIn zu qualifizieren und weiter hochzuarbeiten zur/zum SachgebietsleiterIn, AbteilungsleiterIn und RegionalgeschäftsführerIn. Spitzenleute kommen mit den entsprechenden Qualifikationen in den Vorstand der Hauptverwaltung.

Für all diese Tätigkeiten sind unermüdliches Engagement und Lernbereitschaft erforderlich, d. h. die MitarbeiterInnen müssen bereit sein, ständig ihre Kenntnisse durch Fortbildungsveranstaltungen zu erweitern, um jederzeit mit ihrem Know-how der internationalen Entwicklung des Versicherungswesens Schritt halten zu können.

► Hinweise zum Rollenspiel:
- Bei diesem Rollenspiel spielen 4 Personen mit:
  1. Du selbst als Lothar Redefix (Regionalgeschäftsführer),
  2. Michaela Fleißig, Telefonistin,
  3. Franz Freundlich, Ausbildungsleiter (Abteilungsleiter),
  4. BewerberIn.
- Alle Mitspieler haben ihre spezielle Rollenkarte. Während sich die anderen auf ihre Rolle vorbereiten, überlegst du dir, wie du dich während des Telefonats verhalten wirst. Du hast 20 Minuten Vorbereitungszeit. Bereite mit Hilfe des Planungsbogens deine Gesprächsbeiträge vor.

Könke, Ilse: Wie finde ich den richtigen Beruf? © Auer Verlag

Informationsblatt

Karriereleiter im Versicherungsbereich

Oberes Management

Mittleres Management

Unteres Management

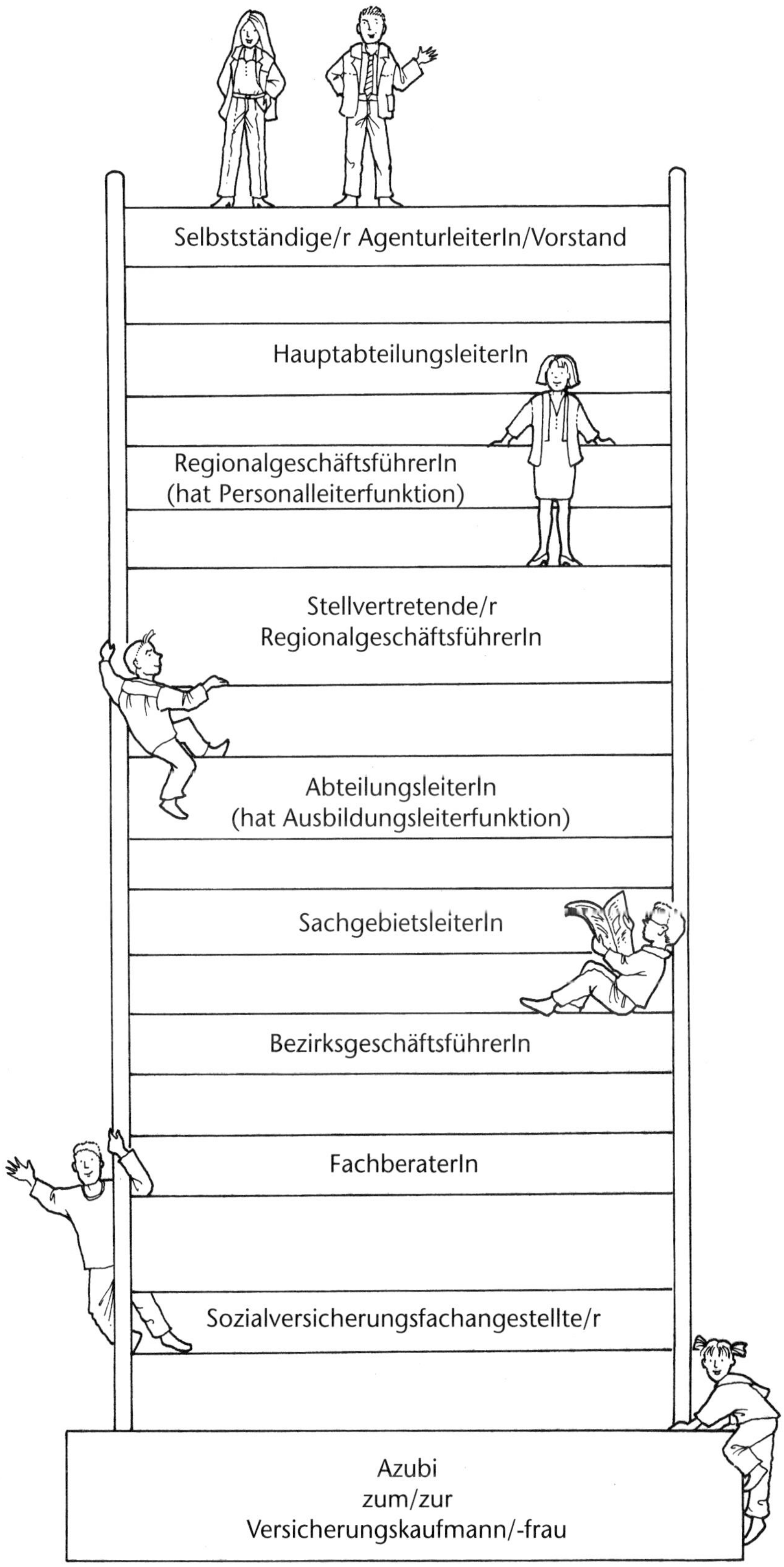

Alternative Aufbaumöglichkeiten: Dipl.-Betriebswirt – Selbstständiger Agenturleiter – Versicherungsbetriebswirt – Versicherungsmakler. Außerdem gibt es zahlreiche Möglichkeiten für Quereinsteiger.

Informationsblatt

Das Internet im Bewerbungsprozess

Für die Stellensuche bietet das Internet zahlreiche Möglichkeiten.
Hier findest du:
- virtuelle Arbeitsmärkte,
- Stellenangebote auf den Websites der Zeitungen,
- Angebote auf den Internetseiten der Unternehmen,
- Informationen über den potenziellen Arbeitgeber,
- Möglichkeiten zur elektronischen Kontaktaufnahme für die Informationsgewinnung oder Bewerbung,
- Möglichkeiten, dich auf einer eigenen Homepage zu präsentieren.

► **Stellengesuch im Internet**
Hast du noch kein konkretes Jobziel vor Augen und suchst nach der passenden Herausforderung, dann bist du mit einer **Jobbörse** gut beraten.
Außer nach Angeboten von Firmen zu suchen, kannst du auch selbst aktiv werden und **ein eigenes Gesuch ins Netz stellen**. Das ist bei den meisten Jobbörsen möglich. Du gibst dein individuelles Bewerberprofil und den Wunschjob an, und nach kurzer Zeit erhältst du eine Trefferliste mit passenden Stellen und – wenn du Glück hast – wirst du auch von interessierten Firmen, die Zugriff auf die Bewerberprofile haben, kontaktiert.

Achtung:
Zur Vorbereitung eines Stellengesuches kläre folgende Fragen erst einmal ab:
- Was ist mein genaues Ziel?
- Welche Botschaften will ich vermitteln?
- Mit welchen Argumenten kann ich überzeugen?

Achte außerdem darauf, dass dein Stellengesuch die folgenden Bedingungen erfüllt:
- Die Überschrift (Betreffzeile) muss schon beim Überfliegen Interesse wecken.
- Der gesamte Text muss wichtige Informationen enthalten, mit denen du den Leser auf dich neugierig machst.
- Schließlich gilt es noch zu entscheiden, ob du deinen Namen mit Adresse *und* deiner Telefonnummer oder mit deiner E-Mail-Adresse angibst.

Die Angabe deiner Telefonnummer hat zwar den Vorteil, dass der interessierte Arbeitgeber dich schnell erreichen kann. Aber wenn du an dem Tag gerade in schlechter Stimmung bist, ist das mit Sicherheit auch im Gespräch zu merken. Ebenso könnten Terminprobleme das erste Kontaktgespräch stören, wenn du unter Zeitdruck stehst.

Überlege dir also gut, ob du deine Telefonnummer bekannt gibst, denn dann kannst du den Zeitpunkt des Gespräches nicht mehr selber steuern.

Sobald du jedoch das Gesuch *mit* Telefonnummer veröffentlichst, solltest du deine Unterlagen (Lebenslauf, Zeugnisse etc.) stets griffbereit halten. So kannst du auf die eingehenden Angebote unmittelbar reagieren.

Könke, Ilse: Wie finde ich den richtigen Beruf? © Auer Verlag

Informationsblatt

Vor- und Nachteile der Onlinebewerbung

Die elektronische Bewerbung ist sicher die innovativste Form, um bei einem Unternehmen vorstellig zu werden. Ohne Internet geht heute nichts mehr. Das gilt auch für den Arbeitsmarkt. Immer mehr Unternehmen setzen auf Onlinepräsentation und suchen sich ihre Mitarbeiter über das digitale Medium.

Vorteile	Nachteile
• Die Onlinebewerbung ist der schnellste Weg, um Kontakt mit dem Unternehmen aufzunehmen. • Sie passt sich modernen Arbeitsmethoden an. • Sie ist kostengünstiger als ein Brief, was Rücksendeverfahren und Portogebühren betrifft.	• Vorsicht bei Onlinebewerbungsformularen: Zahlreiche Firmen haben mit diesen Formularen ein ausgeklügeltes Bewerbungssystem verbunden, das eine elektronisch gestützte Auswahl trifft. So kann es passieren, dass, wenn auch nur ein einziges Kriterium von dir nicht in das gesuchte Profil passt, du automatisch aus dem Verfahren fliegst. • Bei der Bewerbung auf Papier hast du mehr Gestaltungsmöglichkeiten. Wenn du dich gegen 100 und mehr Konkurrenten durchsetzen musst, ist das ein wichtiges Kriterium.

Weiteres ist wissenswert:
Wenn in der Stellenanzeige eine **E-Mail-Adresse** angegeben ist, nutze sie eher zur **ersten Kontaktaufnahme** als zur konkreten Bewerbung. Fehlt die E-Mail-Adresse ganz, solltest du deine Mappe lieber gleich auf dem „normalen" Postweg schicken.
Um ganz sicherzugehen und wenn eine Telefonnummer in der Stellenanzeige angegeben ist, kannst du telefonisch erfragen, welche Form der Bewerbung gewünscht wird. Dann machst du es schon richtig.

Verwende bei einer Onlinebewerbung deine persönliche E-Mail-Adresse:
Solltest du noch keine haben, kannst du ganz unkompliziert eine bei einem der zahlreichen Provider einrichten.

Eine eigene Homepage ist vor allem von Nutzen, um Lebenslauf, Zeugnisse und andere Dateien zum Downloaden anzubieten. Die Programmierung einer eigenen Website ist aufwendig und erfordert grundlegende HTML-Kenntnisse. Vielleicht können dir Freunde dabei helfen oder du nimmst an einem entsprechenden VHS-Kurs teil. Ansonsten konzentriere dich – nach dem Motto *weniger ist mehr* – auf eine ansprechende und inhaltlich gut strukturierte Bewerbungsmappe.

Informationsblatt

Die Bewerbungs-E-Mail: Inhalte und Formalia

Verwende auch für deine Bewerbungs-E-Mail kein Standardanschreiben, denn die für die Bewerbung zuständigen Personen erkennen sofort, ob es sich um ein gut durchdachtes und auf die ausgeschriebene Stelle formuliertes Anschreiben handelt oder nicht.

Für eine Bewerbungs-Mail gilt:

- **Kurz und klar:** Fasse dich möglichst kurz und teile sachlich mit, worum es geht (z. B. „Bewerbung als Versicherungskaufmann/-frau“).
- **Informativ:** Mache den Personalchef durch interessante Informationen (Ausbildung, Praktika, Kurse, Fähigkeiten, Besonderheiten) auf dich neugierig.
- **Höflich:** Benutze die gleiche höfliche Schreibform wie bei der Bewerbung auf Papier.
- **Korrekt:** Keine Rechtschreib-, Grammatik- oder Tippfehler! Nutze das Rechtschreibprogramm.
- **Sachlich:** Verwende keine Emoticons oder Smileys.
- **Unterlagen:** Sende nicht gleich sämtliche Unterlagen mit (außer, es wurde ausdrücklich verlangt). Personalchefs stehen unter Zeitdruck und wollen sich nicht durch zu viele Dokumente klicken. Ist die Firma interessiert, wird sie um Zusendung der üblichen Unterlagen bitten. Wenn du trotzdem eine ausführliche Bewerbung schicken willst, sollten die Unterlagen nicht mehr als 20 Seiten (oder 500 Kilobyte) betragen.
- **Adressat:** Sende deine Bewerbung unbedingt an die zuständige Kontaktperson. In der Stellenanzeige oder auf der Homepage des Unternehmens findest du meist den Namen der zuständigen Person. Andernfalls hilft dir ein Anruf weiter.
- **Format:** Wer seine Bewerbung als Word-Datei speichert, kann nichts falsch machen. Dieses Schreibprogramm läuft inzwischen auf fast jedem Rechner. Angefügte Dateien (engl.: Attachments), wie Lebenslauf, sauber eingescannte Zeugnisse und ein Foto, kannst du auch in gängigen Formaten wie „rtf“ und „txt“ auf den Weg bringen. Wichtig: Weise im Anschreiben auf angefügte Dateien hin. Sie werden sonst leicht übersehen.
- **Der letzte Schliff:** Hast du alle Fakten zusammengetragen, dann prüfe alles in Ruhe noch einmal auf seine Richtigkeit. Sorgfalt, Aussehen und Inhalt zählen hier ebenso wie im „normalen“ Anschreiben.
  Bitte zum Schluss noch um eine kurze Rückmeldung, um sicherzugehen, dass deine E-Mail nicht irgendwo im Cyberraum verloren gegangen ist. Und jetzt einfach auf „Senden“ klicken.
- **Nachfassen:** Wenn nach ca. zehn Tagen noch keine Antwort da ist, frage beim Unternehmen telefonisch nach, ob deine Bewerbung angekommen ist.

Könke, Ilse: Wie finde ich den richtigen Beruf? © Auer Verlag

Informationsblatt

Hilfreiche Internetadressen

Unter diesen Internetadressen findest du hilfreiche Informationen und Hinweise für den Berufseinstieg sowie einschlägige Jobbörsen. Bedenke aber, dass täglich neue Homepages ins Netz gestellt werden, die Liste also immer weiter aktualisiert werden muss.

▶ **Aufgabe**: Suche die Adressen im Internet und notiere in der Spalte „Das Wichtigste auf einen Blick" in Stichworten die wichtigsten Inhalte. Welche Homepage ist für deine Bedürfnisse die beste? Warum?

Internetadresse	**Das Wichtigste auf einen Blick:**
www.arbeitsagentur.de	
www.azubitage.de	Berufseinstieg/Bewerbungstipps/Ausbildungsplatzangebote
www.ba-auslandsvermittlung.de	
www.berufswahl.de	
www.bewerbung-tipps.de	
www.handwerk.de	
www.job.de	
www.jobpool.ch	
www.jobrobot.de	
www.jobscanner.de	
www.jobworld.de	
www.karriere.de	
www.partnerschaft-fuer-lehrstellen.com	
www.stellenanzeigen.de	
www.stueps.de	
www.top-bewerbung.de	
www.yovadis.de	
www.hochschulstart	
www.	
www.	
www.	
www.	

Bewerbungsnachweis			
Unternehmen: Anschrift: Telefon:			
Stellenangebot:			
AnsprechpartnerIn: Durchwahl:			
Bewerbungsform: (telefonisch/E-Mail/schriftlich)			
Absendedatum:			
Nachgehakt am/bei:			
Zusage am:			
Einstellungstest am:			
Vorstellungsgespräch am: Uhrzeit: Ort:			
Absage am: Grund (wenn unbekannt ➡ erfragen!!!):			
Verbesserungsmöglichkeiten sind:			

Könke, Ilse: Wie finde ich den richtigen Beruf? © Auer Verlag

Informationsblatt

Auswahlverfahren

1. Assessment-Center

Da sich auf ein Arbeitsplatzangebot oft viele BewerberInnen melden, gehen große Firmen immer mehr dazu über, sie durch ein Assessment-Center (AC) auf ihre Eignung für das Unternehmen prüfen zu lassen.
Das Assessment-Center gilt als besonders hartes Ausleseverfahren, denn die KandidatInnen stehen unter ständiger Beobachtung von Prüferteams, die aus Führungskräften des Unternehmens und PsychologInnen bestehen.

Das Assessment-Center-Verfahren

- **Konkurrenzsituationen:**
  Hier müssen die BewerberInnen beweisen, dass sie die besten Voraussetzungen, Qualifikationen und Fähigkeiten für das Unternehmen mitbringen.
  Es wird nicht nur bewertet, *was* die KandidatInnen sagen, sondern auch *wie* sie es sagen. Es werden Gestik, Mimik und Körperhaltung analysiert und natürlich das Sozialverhalten in der Gruppe unter diesen erschwerten Bedingungen.

- **Präsentationen/Diskussionen/ Rollenspiele:**
  Hier zeigen die BewerberInnen das ganze Spektrum ihres Könnens. Wichtig ist es, dabei so natürlich wie möglich zu bleiben und darauf zu achten, dass man sich in der Gruppenarbeit gegenseitig unterstützt und fördert. Team- und Kommunikationsfähigkeit, Kreativität und Selbstbewusstsein sind gefragt! Kurz: Soziale Kompetenz.

- **Intelligenztests:**
  Sie geben dem Prüfungsteam Auskunft darüber, was die BewerberInnen an Allgemeinwissen, Deutsch- und Mathematikkenntnissen, Vorstellungsvermögen, logischem Denken und Flexibilität mitbringen. Es geht um die geistigen Fähigkeiten und Schulwissen.

- **Persönlichkeitstests:**
  Sie prüfen die Charaktereigenschaften, Anstrengungsbereitschaft, Konzentration und Ausdauer. Kurz: Das Prüfungsteam will erfahren, ob die BewerberInnen als neue MitarbeiterInnen den Anforderungen des Unternehmens gerecht werden.

2. Schriftliche Eignungstests

Sie werden in dem einen oder anderen Fall von mittleren Unternehmen und Behörden mit SchulabgängerInnen durchgeführt, die sich bei ihnen um einen Ausbildungsplatz beworben haben. Wer den Test besteht, wird anschließend zu einem Vorstellungsgespräch eingeladen, in dessen Verlauf sich Fachkräfte aus dem Personalmanagement einen persönlichen Eindruck über mögliche neue MitarbeiterInnen machen.

Damit du eine Vorstellung davon hast, wie ein schriftlicher Eignungstest aussehen kann, findest du auf den nächsten Seiten eine kleine Kostprobe einiger beispielhafter Aufgaben.
Überprüfe dabei selbst, wie es um dein Allgemein- und Schulwissen bestellt ist. Solltest du bei dir Wissenslücken feststellen, ist noch genügend Zeit, deine FachlehrerInnen zu bitten, bestimmte Aufgabenbereiche mit der Klasse oder dem Kurs zu wiederholen.
Ihr profitiert alle davon, selbst wenn einige SchülerInnen keine Eignungstests durchlaufen müssen.

Arbeitsblatt

Testaufgaben Mathematik

1. Dezimalrechnung

7,48 + 213,001 + 0,043 + 1723,03 + 152,21 + 0,18 =

a) 2095,944 b) 2095,816 c) 2095,934 d) 2095,84

2. Bruchrechnung

A) $\frac{1}{4} + \frac{2}{4} =$	a) $\frac{3}{12}$	b) $\frac{3}{4}$	c) $\frac{1}{8}$	d) $\frac{4}{4}$
B) $\frac{2}{3} + \frac{4}{7} =$	a) $\frac{6}{7}$	b) $\frac{3}{14}$	c) $1\frac{5}{21}$	d) $2\frac{3}{7}$
C) $\frac{2}{3} : \frac{3}{5} =$	a) $1\frac{1}{5}$	b) $1\frac{1}{9}$	c) $2\frac{1}{3}$	d) $\frac{11}{15}$
D) $\frac{3}{5} \cdot \frac{4}{7} =$	a) $\frac{12}{35}$	b) $\frac{5}{7}$	c) $\frac{20}{21}$	d) $1\frac{2}{3}$

3. Dreisatz

Ein PC mit normaler Internetleitung kann in 1 Stunde 7 MP3-Songs downloaden.
Wie viele Minuten benötigt er für 3 Titel?

a) 27,15 Min. b) 29,31 Min. c) 30,21 Min. d) 26,11 Min.

4. Prozentrechnung

Ein Großunternehmen bietet anlässlich einer Werbekampagne 250 preisgünstige CD-Player an.
Durch Reklamationen stellt sich heraus, dass 4 % davon einen Produktionsfehler aufweisen. Wie viele CD-Player sind das?

a) 15 Player b) 9 Player c) 10 Player d) 12 Player

5. Zinsrechnung

Ein Kapital von 18 000,– Euro bringt in 100 Tagen 375,– Euro Zinsen.
Wie hoch ist der Zinssatz?

a) 7,5 % b) 7,25 % c) 6,9 % d) 5,5 %

6. Flächenberechnung

Der Jugendraum soll einen neuen Bodenbelag bekommen. Der Raum ist 6,80 m lang und 4,20 m breit. Die Auslegeware hat die Maße 40 cm x 40 cm.
Wie viele Platten werden benötigt?

a) 203 Platten b) 178,5 Platten c) 253 Platten d) 127,5 Platten

7. Körperberechnung

Im Technikunterricht soll ein Kinderspielzeug hergestellt werden.
Die Innenkanten eines würfelförmigen Kastens sind 16 cm lang.
Der Kasten soll mit kleinen bemalten Würfeln gefüllt werden, die eine Kantenlänge von 4 cm haben.
Wie viele Würfel kann der Kasten fassen?

a) 32 b) 128 c) 64 d) 48

Könke, Ilse: Wie finde ich den richtigen Beruf? © Auer Verlag

Arbeitsblatt

Testaufgaben Deutsch

1. Tageszeiten: groß- oder kleingeschrieben?

a) gestern (a)bend b) (a)bends c) (m)ittwochs
d) am (m)orgen e) des (n)achts f) (d)ienstags(m)ittags
g) (n)achmittägig

2. Persönliche Anreden im Schriftverkehr: groß- oder kleingeschrieben?

a) „Lieber Marc, ich habe (d)eine E-Mail bekommen.
Ich drücke (d)ir die Daumen, dass (d)u den Einstellungstest schaffst."

b) „Liebe Jennifer, lieber Philipp, vielen Dank für (e)ure Einladung.
Ich freue mich sehr, (e)uch so bald wiederzusehen."

c) „Sehr geehrte Frau Fröhlich! Ich möchte mich herzlich für (i)hre Fürsprache bei meinem zukünftigen Arbeitgeber bedanken. Damit haben (s)ie sicher dazu beigetragen, dass ich die Stelle bekommen habe."

3. Wohin setzt du das Komma?

a) Ich hoffe darauf bei dem Einstellungstest gut abzuschneiden.
b) Obwohl er erst seit zwei Jahren trainiert spielt er in der Bundesliga.
c) Unser Jüngster der im nächsten Jahr die Schule verlassen wird möchte als Schreiner arbeiten.
d) Für die hervorragenden Leistungen gelobt wird ihr der Nobelpreis verliehen.
e) Herr Geschickt und Herr Fleißig unsere beiden Monteure werden den Schaden sicher schnell beheben.

4. Welche Präposition passt? Bestimme den Kasus.

a) Das Stellenangebot hängt__________ Schwarzen Brett.__________

b) __________ einer mündlichen Zusage glaubt er dem Personalleiter nicht. _____

c) ________ Ihrer hervorragender Qualifikationen möchten wir Sie einstellen._____

d) Rufen Sie uns____________ der nächsten acht Tage zurück._______

e) Martin wartet__________ zwei Wochen _____ eine Antwort.________

5. Was bedeuten diese Fremdwörter?

a) Monolog: ____________________

b) Polygamie: ____________________

c) Laie: ____________________

d) Mobilität: ____________________

e) Ökonomie: ____________________

Arbeitsblatt

Testaufgaben Allgemeinwissen

1. **Welche Aussage steht im Zusammenhang mit *Marktwirtschaft*?**
   a) Es handelt sich um eine Wirtschaftsordnung, in der Angebot und Nachfrage den Preis bestimmen.
   b) Der Staat hat wenig Einfluss auf das Wirtschaftsleben.
   c) Große Unternehmen können von sich aus den Wettbewerb aufheben.
   d) Die Verbraucher bestimmen allein über das Güterangebot.

2. **Was versteht man unter *Steuern*?**
   a) Abgaben der Arbeitnehmer an den Staat für bestimmte Leistungen
   b) Allgemeine Zahlungen an den Staat ohne bestimmte Gegenleistung
   c) Lohnabhängige Sozialabgaben
   d) Vermögenswirksame Leistungen

3. **Beim *Bruttosozialprodukt* handelt es sich um**
   a) die Höhe der Einnahmen aller Sozialversicherungsbeiträge.
   b) das Gesamteinkommen eines Landes in einem Jahr.
   c) den Wert aller in einem Jahr erzeugten Güter und Leistungen.
   d) den Gesamtbetrag, der innerhalb eines Jahres vom Staat für Sozialhilfeempfänger aufgebracht werden musste.

4. **Welche Auswirkungen kann die Erhöhung der Mehrwertsteuer mit sich bringen?**
   a) Steigerung der Kaufkraft
   b) Ankurbelung der Wirtschaft
   c) Rückgang bei der Nachfrage von Konsumgütern
   b) Höhere Gewinne für den Handel

5. **Wann tritt ein Bundesgesetz in Kraft?**
   a) Nach Unterzeichnung durch den Bundespräsidenten
   b) Nach Verabschiedung im Bundestag (3. Lesung)
   c) Nach Unterzeichnung durch den Bundeskanzler
   d) ohne Terminangabe 14 Tage nach Veröffentlichung im Bundesgesetzblatt

6. **Wann wird der Vermittlungsausschuss eingeschaltet?**
   a) Regierung und Opposition erzielen keine Einigkeit bei einer Gesetzesvorlage.
   b) Fraktionsmitglieder stimmen unterschiedlich ab.
   c) Bundesrat lehnt Zustimmungsgesetz ab.
   d) Bundespräsident verweigert Unterschrift.

7. **Ein vom Bundestag verabschiedetes Gesetz wird von der Opposition für verfassungswidrig gehalten. Vor welchem Gericht kann Klage erhoben werden?**
   a) Bundesfinanzgericht
   b) Bundesarbeitsgericht
   c) Bundesverfassungsgericht
   d) Bundessozialgericht

Könke, Ilse: Wie finde ich den richtigen Beruf? © Auer Verlag

Arbeitsblatt

Fortsetzung: **Testaufgaben Allgemeinwissen**

Die folgenden 6 Aufgaben sind in 1 Minute zu lösen.
Du kannst selbst die Zeit stoppen und schauen, ob du das in der vorgegebenen Zeit schaffst. Wenn nicht, dann überlege dir, wie du das schneller bewerkstelligen kannst.

8. Die Schwester deiner Mutter ist deine
a) Tante.
b) Nichte.
c) Cousine.
d) Oma.

9. Wenn eine Sache unentgeltlich von einer Person an eine andere Person übergeben wird, handelt es sich um eine
a) Schenkung.
b) Erbschaft.
c) Vermietung.
d) Verkaufsangelegenheit.

10. Das Gegenteil von Hass ist
a) Wertschätzung.
b) Eifersucht.
c) Liebe.
d) Treue.

11. Ein Sprichwort lautet: Wer den Pfennig nicht ehrt, ist des ... nicht wert.
a) Talers
b) Goldes
c) Lobes
d) Verdienstes

12. Verurteilungsgründe, die auf Verdacht erregenden Umständen basieren, sind
a) Bestechung.
b) Meineid.
c) Manipulation.
d) Indizien.

13. Eine Oktave ist
a) ein Achtelkreis.
b) der achte Ton vom Grundton aus.
c) eine Achtelbogengröße.
d) die achte Klasse des Gymnasiums.

14. Wenn ein Händler die Kosten von seinen Einnahmen abzieht, erhält er einen Überblick über
a) den Umsatz.
b) die Mehrwertsteuer.
c) die Provision.
d) den Gewinn oder Verlust.

Arbeitsblatt

Testaufgaben Logik und Konzentration

1. Konzentrations- und Merkfähigkeit

Bei diesen Aufgaben wird folgendermaßen verfahren: Die Aufgaben bestehen jeweils aus zwei Reihen. Ist die Summe der ersten Reihe größer als die der zweiten Reihe, wird subtrahiert. Ist die Summe der zweiten Reihe größer als die der ersten Reihe, wird addiert.

Beispiel: 2 + 8 + 8 (18) | 8 + 5 – 7 (06)
9 – 7 + 8 (10) <u>08</u> | 4 – 5 + 8 (07) <u>13</u>

Löse die Aufgaben in 1 Minute!

a) 1 – 4 + 3
7 + 5 – 3 __

b) 5 + 7 + 4
5 – 7 + 8 __

c) 9 – 3 + 5
7 – 2 + 1 __

d) 8 + 4 – 5
6 – 7 + 9 __

e) 9 – 3 + 7
8 – 3 + 9 __

f) 5 + 9 + 3
7 + 5 – 7 __

2. Räumliches Vorstellungsvermögen

Welcher Körper entsteht, wenn man die Abwicklung zusammenklebt?

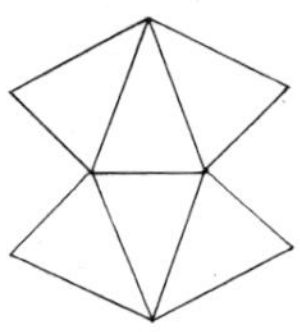

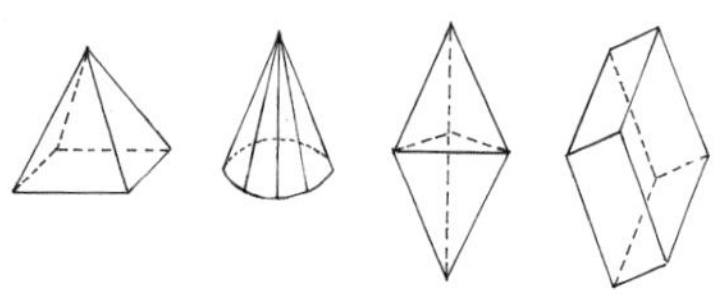

keine Lösung

I) II) III) IV) V)

3. Kombinatorische Fähigkeiten

Welche Räder drehen sich in die gleiche Richtung wie das Antriebsrad?

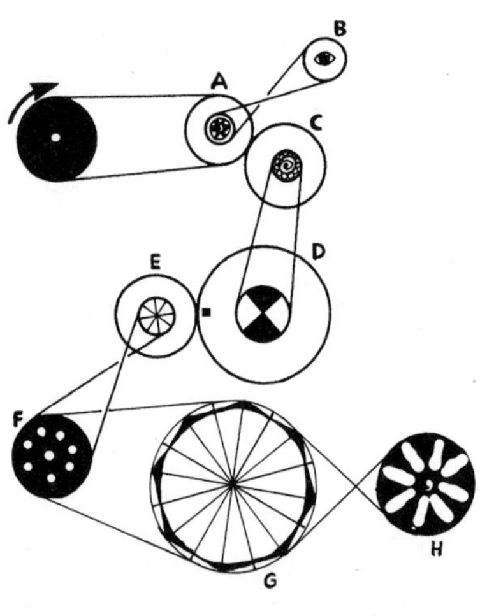

I) B - C - H

II) A - E - H

III) A - D - G

IV) C - F - G

V) A - E - F

Könke, Ilse: Wie finde ich den richtigen Beruf? © Auer Verlag

Lösungen der Testaufgaben Mathematik (S. 112)

1. Dezimalrechnung: a)

2. Bruchrechnung:

A. b) Hinweis: Gleichnamige Brüche werden addiert/subtrahiert, indem die Zähler add./subtr. werden und der gleichnamige Nenner beibehalten wird.

B. c) Hinweis: Ungleichnamige Brüche werden add./subtr., indem sie auf einen gemeinsamen Hauptnenner gebracht und die Zähler dann add./subtr. werden.

C. b) Hinweis: Brüche werden dividiert, indem man sie mit dem Kehrwert multipliziert.

D. a) Hinweis: Brüche werden multipliziert, indem Zähler x Zähler und Nenner x Nenner multipliziert werden.

3. Dreisatz:

d) Hinweis: 1 Std. = 60 Min. $\frac{60 \text{ Min.} \times 3 \text{ L.}}{7 \text{ L.}} = 25{,}71 = 26{,}11$ Min.

4. Prozentrechnung: Hinweis: $\frac{250 \times 4}{100} = 10$ Player

c)

$$\frac{p}{100} = \frac{P}{G}$$

(P = Prozentwert/p = Prozentsatz/G = Grundwert)

5. Zinsrechnung: Hinweis: $\frac{375 \text{ Eu} \times 100 \times 360 \text{ Tg.}}{18\,000 \text{ Eu} \times 100 \text{ Tg.}} = 7{,}5\,\%$

a)

$$z = \frac{k \cdot i \cdot p}{12 \text{ Mon.} \cdot 100}$$

$$z = \frac{k \cdot i \cdot p}{360 \text{ Tg.} \cdot 100}$$

K = Kapital/i = Zeit/p = Zinssatz/z = Zinsen

6. Flächenberechnung:

b) Hinweis:

Fläche des Fußbodens	6,8 m x 4,2 m	= 28,56 m^2
Fläche einer Platte	0,4 m x 0,4 m	– 0,16 m^2
Anzahl der Platten	28,56 m^2 : 0,16m^2	= 178,5 Platten

7. Körperberechnung:

c) Hinweis: $V = a^3$ 4 x 4 x 4 = 64 Würfel

Lösungen der Testaufgaben Allgemeinwissen (S.114/115)

1.a) – 2.b) – 3.c) – 4.c) – 5.d) – 6.c) – 7.c)
8.a) – 9.a) – 10.c) – 11.a) – 12.d) – 13.b) – 14.d)

Lösungen der Testaufgaben Logik und Konzentration (S.116)

1. a) 9 – b) 10 – c) 5 – d) 15 – e) 27 – f) 12

2. III)

3. II)

Lösungen der Testaufgaben Deutsch (S. 113)

1. a) Gestern Abend b) abends c) mittwochs
   d) am Morgen e) des Nachts f) dienstagsmittags g) nachmittägig
   Regel: – Tageszeiten in Verbindung mit Adverbien (wie heute, gestern, morgen, übermorgen) werden großgeschrieben (gestern Abend).
   – Wochentage und Zeitangaben mit der Endung „s" oder „es" werden kleingeschrieben (mittags).
   – Wochentage und Tageszeiten als Adverb in einem Wort verbunden, werden kleingeschrieben (sonntagabends).
   – Kann ein Artikel vor Wochentage und Zeitangaben gesetzt werden, werden sie großgeschrieben (am Abend).

2. a) „Lieber Marc, ich habe deine Mail bekommen. Ich drücke dir die Daumen, dass du den Einstellungstest schaffst."
   b) „Liebe Jennifer, lieber Philipp, vielen Dank für eure Einladung. Ich freue mich sehr, euch so bald wiederzusehen."
   c) „Sehr geehrte Frau Fröhlich! Ich möchte mich herzlich für Ihre Fürsprache bei meinem zukünftigen Arbeitgeber bedanken. Damit haben Sie sicher dazu beigetragen, dass ich die Stelle bekommen habe.
   Regel: – Bei Anreden mit vertraulichem „du" werden die Fürwörter kleingeschrieben.
   – Bei Anreden mit distanzierterem „Sie" werden die Fürwörter großgeschrieben.

3. **Wohin setzt du das Komma?**
   a) Ich hoffe darauf, bei dem Einstellungstest gut abzuschneiden.
   Regel: Bei erweitertem Infinitiv kann ein Komma gesetzt werden.
   b) Obwohl er erst seit zwei Jahren trainiert, spielt er in der Bundesliga.
   Regel: Der Nebensatz wird mit Komma abgegrenzt.
   c) Unser Jüngster, der im nächsten Jahr die Schule verlassen wird, möchte als Schreiner arbeiten.
   Regel: Der Nebensatz wird mit Komma abgegrenzt.
   d) Für die hervorragenden Leistungen gelobt(,) wird ihr der Nobelpreis verliehen.
   Regel: Partizipgruppen können mit Komma abgegrenzt werden.
   e) Herr Geschickt und Herr Fleißig, unsere beiden Monteure, werden den Schaden sicher schnell beheben.
   Regel: Eingeschobene Nachträge oder Zusätze werden mit paarigem Komma eingeschlossen.

4. **Welche Präposition passt? Bestimme den Kasus.**
   a) Das Stellenangebot hängt *am* Schwarzen Brett. *Dativ*
   b) *Trotz* einer mündlichen Zusage glaubt er dem Personalleiter nicht. *Genitiv*
   c) *Aufgrund* Ihrer hervorragender Qualifikationen möchten wir Sie einstellen. *Genitiv*
   d) Rufen Sie uns *innerhalb* der nächsten acht Tage zurück. *Genitiv*
   e) Martin wartet *seit* zwei Wochen *auf* eine Antwort. *Akkusativ*

5. **Was bedeuten diese Fremdwörter?**
   a) Monolog: *Selbstgespräch*
   b) Polygamie: *Mehrehe/Vielehe*
   c) Laie: *Nichtfachmann*
   d) Mobilität: *Beweglichkeit*
   e) Ökonomie: *Wirtschaft*

Könke, Ilse: Wie finde ich den richtigen Beruf? © Auer Verlag

Arbeitsblatt

Männliches und weibliches Auftreten

Folie:

Die abgebildete Person trägt eine Lederjacke, schwarze Jeans und Springerstiefel. Stelle dir vor, diese Person aus der Ferne im Kreis der Clique beobachten zu können. Die Clique steht jedoch so weit entfernt, dass du auch durch die Stimme keinen Anhaltspunkt bekommst, welchem Geschlecht diese Person zuzuordnen ist.

► Was vermutest du: Handelt es sich um ein Mädchen oder einen Jungen? Bitte begründe deine Vermutung!

Arbeitsblatt

Männliches und weibliches Auftreten

Folie:

A

B

C

D

► Welche der abgebildeten Personen ist männlich, welche weiblich?
Begründe deine Vermutung!

Könke, Ilse: Wie finde ich den richtigen Beruf? © Auer Verlag

Arbeitsblatt

Männliches und weibliches Auftreten

Folie:

Auflösung:

A

B

C

D

▶ Worin liegt der Unterschied zwischen männlicher und weiblicher Körpersprache?

Arbeitsblatt

Körpersprache

Vier Freunde treffen sich nach den Ferien erstmals wieder bei Jan zu Hause zum Klönen. Sie haben in den letzten drei Wochen viel erlebt und Thorsten zeigt Mark, Sven und Jan die Fotos seiner neuesten Urlaubserrungenschaft Annika.
Schon beim ersten Betrachten der Fotos drücken alle vier durch ihre Körperhaltung unbewusst ihre Einschätzung gegenüber Annika aus:

Thorsten schaut lächelnd auf das Foto, das er in seinen Händen auf dem Schoß hält. Seine Füße hat er entspannt von sich gestreckt. Die Beine ruhen gekreuzt übereinander. Mark reibt sich beim Betrachten des Fotos mit gerunzelter Stirn nachdenklich das Kinn. Sven wirft einen kurzen Blick auf das Foto und reicht es, ohne die Miene zu verziehen, weiter, während sich Jan mit dem Foto in der Hand kerzengerade aufrichtet. Die linke Augenbraue zu einem spitzen Dreieck hochgezogen, schaut er Thorsten an.

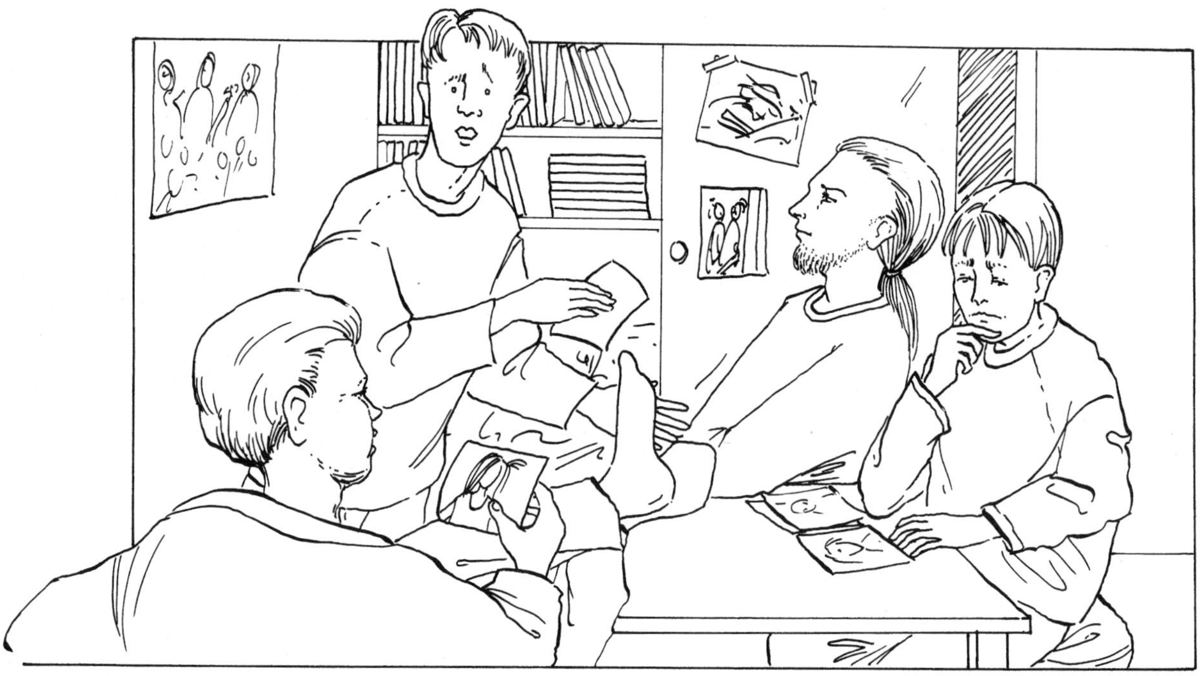

► **Aufgabe:**
Versuche, die Körpersprache zu entschlüsseln.
Wer wird deiner Meinung nach als Erstes etwas zu Thorstens Ferienflirt sagen?
Wie ist die Meinung der Freunde zu Annika? Begründe.

Bitte erst nach der Entscheidung lesen.

Thorsten lächelt beim Anblick der Fotos. Er verdeutlicht damit, dass er wieder in angenehmen Ferienerinnerungen schwelgt. Mit den ausgestreckten Füßen hält er die Freunde auf Distanz. Mit gekreuzten Beinen und gesenktem Blick schottet er sich von der Außenwelt ab.
Jan platzt als Erster mit seiner Meinung zu Annika heraus. Seine aufgerichtete Körperhaltung signalisiert seine Bereitschaft zum Wortgefecht. Eine hochgestellte und eine entspannte Augenbraue zeigen deutlich seinen Unmut über Thorstens Wahl und seinen Zweifel am „guten" Geschmack des Freundes.
Mark reibt sich nachdenklich das Kinn und signalisiert damit seine Zweifel an Thorstens Wahl.
Sven zeigt keinerlei Reaktion. Er steht Thorstens Ferienflirt neutral gegenüber.

Könke, Ilse: Wie finde ich den richtigen Beruf? © Auer Verlag

Arbeitsblatt

Körpersprache

Susanne hat sich für ihr bevorstehendes Bewerbungsgespräch ein neues Outfit zugelegt. Sie betritt mit aufrechter Körperhaltung, erhobenem Haupt und einer Hand lässig auf der Hüfte wie ein Model lächelnd das Wohnzimmer, um sich ihren Eltern und Geschwistern zu präsentieren:

Susannes älterer Bruder Tom streckt ihr stumm den Arm mit nach oben gerichtetem Daumen entgegen. Mike, der Jüngste, schlägt die Hände vors Gesicht und wirft sich – laut „Uah!" stöhnend – in seinen Sessel zurück.
Kirsten stößt einen melodischen Pfiff aus, während ihre Mutter lächelnd den Kopf schüttelt. Der Vater presst die Lippen zusammen, wiegt den Kopf bedächtig hin und her und fährt sich mit der Hand durchs Haar.

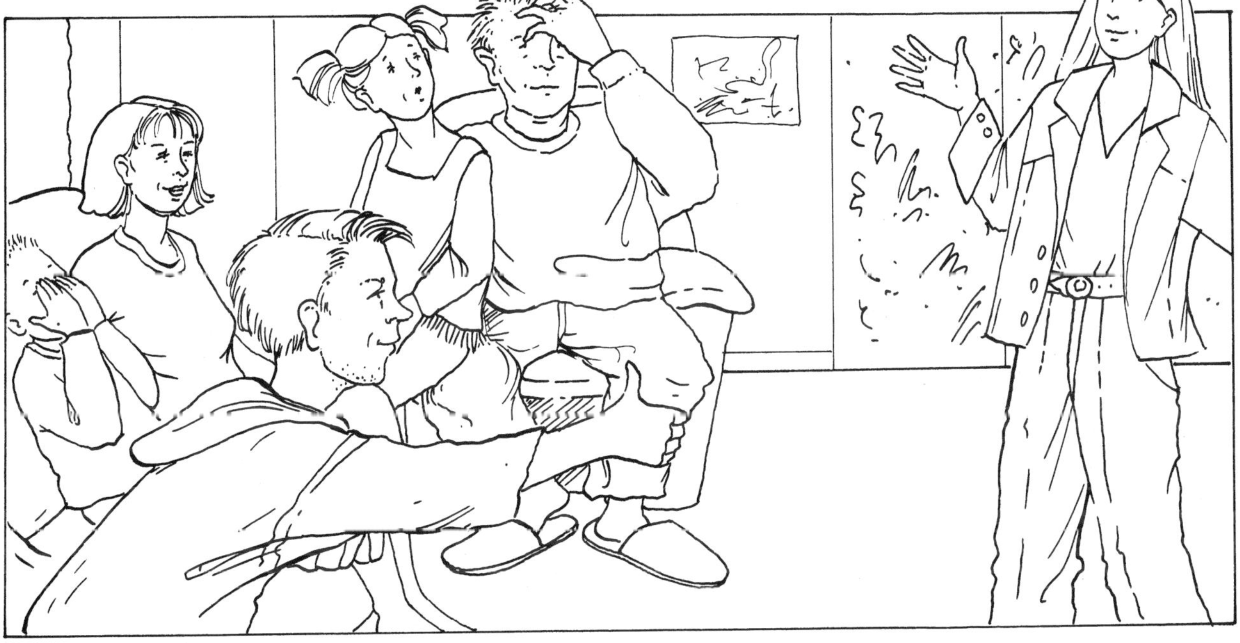

► **Aufgabe:**
Versuche, die Körpersprache der Familienmitglieder zu entschlüsseln.
Wie kommt Susanne mit ihrem neuen Outfit in der Familie an?
Begründe deine Meinung.

Bitte erst nach der Entscheidung lesen.

Susannes Körperhaltung signalisiert Sicherheit im Geschmack und Selbstbewusstsein. Sie fühlt sich wohl in ihrer Kleidung und strahlt das auch aus. Tom zeigt mit dem nach oben gerichteten Daumen seine Anerkennung für Susannes Äußeres. Mike ist Susannes neues Erscheinungsbild noch fremd. Er wehrt ab, indem er sich „zurückzieht", den Körper zurückwirft und sich mit den Händen vor dem Anblick des Ungewohnten schützt. Kirsten zeigt pfeifend ihre Bewunderung. Der Mutter wird beim Anblick ihrer hübschen Tochter bewusst, dass da nicht mehr das kleine Mädchen von früher vor ihr steht. Dem Vater ergeht es ähnlich wie der Mutter und er zeigt seine Berührtheit durch die Handbewegung und die zusammengepressten Lippen.

Arbeitsblatt

Körpersprache

Selbstbeobachtung

Wenn du deine Wünsche und Erwartungen mitteilen und durchsetzen möchtest, ist nicht nur entscheidend, was du von dir gibst, sondern auch die Art deines Auftretens.
Trittst du sicher und eindeutig auf, hast du größere Chancen, dass dir deine Gesprächspartner die volle Aufmerksamkeit schenken.
Deshalb ist es wichtig, dir zunächst klar zu machen, wie für dich sicheres Auftreten aussieht, und dich selbst zu beobachten.

► Wie trete ich meistens auf? Kreuze das zutreffende Verhalten an.	Wie könnte mein Verhalten auf andere wirken?
☐ zurückhaltend	______________
☐ herausfordernd	______________
☐ ruhig und gelassen	______________
► Wie ist meine Körperhaltung in diesem Moment?	
☐ schlaff zusammengesunken	______________
☐ aufgerichteter Rücken	______________
☐ erhobener/gesenkter Kopf	______________
☐ seitlich geneigter Kopf	______________
☐ Schultern hochgezogen	______________
☐ Schultern locker und entspannt	______________
☐ großzügig gestikulierend	______________
☐ verschränkte Arme	______________
☐ seitlich herabhängende Arme	______________
☐ Hände ineinander verkrampft	______________
☐ Hände unterstreichen ruhig meine Aussagen	______________
☐ breitbeinig/eng zusammenstehend	______________
☐ beide Beine gleich belastet	______________
☐ ein Stand-, ein Spielbein	______________
☐ Füße eng beieinander stehend	______________
☐ Füße fest und schulterbreit stehend	______________
► Wie sitze ich in diesem Moment?	
☐ aufrecht/zusammengesunken	______________
☐ Sitz voll einnehmend	______________
☐ vorn auf Kante sitzend	______________
☐ ein Arm über Rückenlehne gehängt	______________
☐ Hände im Schoß/auf Armlehne	______________
☐ Beine verknotet/nebeneinander	______________
☐ Knie eng zusammen/breitbeinig	______________
☐ wippende Fußspitze	______________
☐ ausgestreckte Füße	______________

► Übung:
Suche dir je fünf Körperhaltungen und Sitzpositionen aus und stelle sie nach. Wie fühlst du dich?

Könke, Ilse: Wie finde ich den richtigen Beruf? © Auer Verlag

Informations- und Arbeitsblatt

Körpersprache

Sicherheit durch Selbstbeobachtung
Der erste Schritt zum Erlernen von Selbstsicherheit ist Selbstbeobachtung.
Du kannst nur dann klar und verständlich nach außen auftreten, wenn du innerlich hinter dir stehst und von dir überzeugt bist. Die Voraussetzung dafür ist ein liebevoller Umgang mit dir selbst.

Findest du dein Auftreten hier und da verbesserungswürdig, dann verändere es in die gewünschte Richtung. Beobachte und korrigiere dich, wenn du merkst, dass du wieder im alten Verhalten bist.
Sicheres Auftreten ist nicht angeboren, sondern antrainiert.

Im Falle einer Bewerbung werden sich die EntscheidungsträgerInnen entweder überzeugen lassen, oder du machst dich auf den Weg und findest einen Arbeitgeber, der das, was du an Leistungen, Fähigkeiten und Ideen anzubieten hast, zu schätzen weiß.

▶ **Übung:**
Richte deine Aufmerksamkeit in den nächsten Tagen bewusst nach innen und höre zu, wie du in Gedanken mit dir selbst sprichst.
Sind deine Selbstgespräche

- liebevoll und freundlich,
- sachlich,
- realistisch,
- aufbauend und ermutigend,
- Schwächen als Hinweis nutzend, um daraus zu lernen und etwas zu verändern?

oder

- streng und fordernd,
- unsachlich,
- beschönigend,
- abwertend oder hinnehmend,
- Schwächen vorhaltend, ohne etwas zu verändern?

Überwiegen die positiven oder die negativen Begriffe?

Sind es die negativen Urteile der rechten Seite, was leider bei den meisten Menschen der Fall ist, dann wird es Zeit, eine Änderung im Umgang mit dir selbst herbeizuführen.

1. Lege dazu ein „**Tagebuch der Erfolge**“ an. Eine hübsche Kladde, in die du jeden Tag deine Erfolge und positiven Erfahrungen sowie *deinen* Beitrag dazu einträgst. Damit richtest du deine Aufmerksamkeit auf das Positive. Das hebt die Stimmung beträchtlich. Bist du einmal niedergeschlagen und mutlos, lies in deinem Erfolgstagebuch und erinnere dich daran, wie du deine Erfolge herbeigeführt hast.
   Das vermittelt wieder Zuversicht und fördert die Motivation, dein Ziel auf andere Art und Weise anzugehen.
2. Mache es dir zur Gewohnheit, wenn es in deinem Leben mal nicht so gut läuft, nicht im Jammertal zu verharren und andere für deine Misere verantwortlich zu machen, sondern dir aus der Patsche zu helfen und **selbst Verantwortung zu übernehmen**. Stelle dir folgende Fragen:
   - Wie soll es stattdessen laufen? Was brauche ich? Was ist mein Ziel?
   - Welche Möglichkeiten habe ich, um mein Ziel zu verwirklichen?
   - Wer oder was könnte mich außerdem dabei unterstützen?
   - Wie gehe ich im Einzelnen vor? Was ist der erste Schritt, der zweite usw.?
   - Was könnte dazwischenkommen und wie kann ich das rechtzeitig verhindern?

Blickkontakt

Absicht:

Den SchülerInnen soll bewusst werden, wie frustrierend es ist, wenn GesprächspartnerInnen den Blickkontakt vermeiden. Ebenso sollen sie erfahren, dass der Gesprächsfluss der Vortragenden durch Blickkontakt und interessierte Zwischenfragen gefördert und unterstützt wird und so ein angenehmes Gesprächsklima geschaffen wird.

Durchführung:

Setzt euch jeweils zu Dreiergruppen zusammen und klärt ab, wer A, B und C ist.
Alle Bs und Cs verlassen mit der Trainingsleitung den Gruppenraum.
Im Flur werden die Bs von den Cs getrennt, und zwar so, dass die eine Gruppe nicht die Anweisungen hören kann, die die andere bekommt.
Jedes A überlegt für sich eine/n erfreuliche/n Begebenheit/Film/Geschichte, die/den er/sie gleich den anderen Gruppenmitgliedern erzählen möchte.

Instruktionen:

Die Bs werden aufgefordert, im Laufe der Erzählung von A (nach ca. 30 Sek.) den Blickkontakt zu lösen: Sie sollen
- stumm vor sich hinschauen,
- sich die Schuhe zubinden,
- auf die Uhr schauen,
- gelangweilt an die Decke starren,
- sich am Arm kratzen u. Ä.

Die Cs erhalten folgende Aufgaben:
- Sie beobachten A und B.
  Cs sollen besonders darauf achten, was geschieht, wenn B aus dem Blickkontakt geht.
- Cs zeigen den berichtenden As durch Lächeln, Nicken und ähnliche nonverbale Signale, dass aufmerksam zugehört wird.
- Im nächsten Durchgang – wenn B erzählt – sollen sie ihre Achtsamkeit dadurch signalisieren, dass sie Blickkontakt halten und interessiert Zwischenfragen zum Inhalt der Geschichte stellen.
  Cs gehen damit auch verbal auf B ein.

1. Übung: A erzählt B und C die ausgewählte Geschichte.
2. Übung: B erzählt eine Geschichte.

Nachbesprechung:

- Was ist euch aufgefallen/habt ihr beobachten können?
- Was hat den Unterschied ausgemacht?
- Was war unangenehm?
- Was war angenehm?
- Was hast du aus dieser Übung für dich gewonnen?
- Was gibt es sonst noch zu der Übung zu sagen?

Könke, Ilse: Wie finde ich den richtigen Beruf? © Auer Verlag

Blickkontakt 2: Mit den Augen eines Kindes

Absicht:

Mit dieser Übung sollen sich die SchülerInnen auf die Fähigkeit konzentrieren, selbstbewusst Blickkontakt zu ihrem Gegenüber aufnehmen und halten zu können. Die genauen Anweisungen geben den Anschein eines Arbeitsauftrages und lassen die anfängliche Scheu vergessen. Es geht um die Stärkung des Selbstvertrauens und das Empfinden der eigenen Kraft.

Durchführung:

Ich möchte, dass ihr zwei Sitzkreise bildet: einen inneren und einen äußeren. Sucht euch einen Partner/eine Partnerin. Im inneren Kreis – mit dem Rücken zur Mitte – sitzen die Älteren, ihnen gegenüber – mit dem Rücken nach außen – sitzen die Jüngeren so, dass ihr euch anschaut.

Neben Gestik und Mimik gehört offener Blickkontakt zu den wichtigsten Signalen selbstsicheren Auftretens. Deshalb machen wir jetzt eine Übung, die euch helfen soll, mehr Sicherheit im Zusammenhang mit Augenkontakt zu entwickeln.

Habt ihr schon einmal kleine Kinder beobachtet, wie sie ernsthaft interessiert ihr Gegenüber fixieren, um sich ein genaues Bild über diese Person machen zu können?

Wir haben schon als Säugling gelernt, über nonverbale Zeichen herauszufinden, in welchem emotionalen Zustand sich unser Gegenüber befindet und wie wir das Verhältnis zu ihm einschätzen können. Um nichts anderes geht es im Vorstellungsgespräch.

Das Vermeiden von Blickkontakt ist meist ein Zeichen von Angst, dass wir etwas sehen könnten, was wir nicht sehen wollen. Durch das Vermeiden des Blickkontakts verschaffen wir uns kurzfristig Erleichterung. Damit ist das Problem jedoch nicht aus der Welt. Im Gegenteil: Wir offenbaren unserem Gegenüber unser Gefühl von Schwäche und Unterlegenheit.
Doch dazu besteht keine Veranlassung. Ihr seid euch sicher, eine Bereicherung für euren zukünftigen Arbeitgeber zu sein, und strahlt diese Überzeugung auch aus!

Wenn der Personalchef anderer Meinung sein sollte, ist das bedauerlich, ändert aber nichts an eurer Überzeugung, wertvoll und wichtig zu sein. Ihr werdet euch dann eben nach jemand anderem umschauen, der euch als Arbeitskraft zu schätzen weiß. O.K.?!

Diejenigen, die im äußeren Kreis sitzen, haben die Aufgabe, ihr Gegenüber zu beobachten und herauszufinden, wann der Augenkontakt hergestellt ist.
Diejenigen, die im Innenkreis sitzen, folgen meinen Anweisungen hinsichtlich der Blickrichtung und schauen neugierig mit den Augen eines Kindes:

- *Was ist das für ein Mensch, der dir da gegenübersitzt?*
- *Lasse den Blick auf den rechten Fuß schweifen, dann auf den linken, dann weiter nach oben zum rechten Knie, und zum linken Knie.*
- *Wie nimmt dein Gegenüber den Sitzplatz ein: vollständig oder nur auf der vorderen Kante?*
- *Lasse deinen Blick weiterwandern zur rechten Hand, zur linken Hand, den rechten Arm hoch bis zur Schulter, dann den linken Arm hoch zur Schulter, weiter wandert der Blick zum Hals hin, zum rechten Ohr, zum linken Ohr …*

Fortsetzung **Blickkontakt: Mit den Augen eines Kindes**

- *Welche Augenfarbe hat dieser Mensch? Welche Augenform?*
- *Wie lang sind die Wimpern?*
- *Was können dir die Augen deines Gegenübers mitteilen?*
- *Lasse nun deinen Blick über das ganze Gesicht schweifen. Was siehst du? Schaue dir die Augenbrauen, die Stirn, die Nase genau an.*

- *Schaue jetzt noch einmal in die Augen deines Gegenübers. Kannst du etwas Neues in ihrem Ausdruck entdecken, das vorher nicht da war?*
- *Hat sich auch etwas bei dir geändert? Fällt es dir inzwischen leichter als vorher, intensiven Blickkontakt aufzunehmen und zu halten?*
- *Was macht es dir jetzt leichter? Oder brauchst du noch etwas Zeit?*

- *Dann forsche noch weiter im Gesicht deines Gegenübers, um mit ihm vertrauter zu werden.*
- *Lasse deinen Blick über das ganze Gesicht schweifen. Was hast du noch nicht genau betrachtet? Den Verlauf der Linien von den Nasenflügeln zu den Mundwinkeln, den Mund, die Form der Lippen …*

- *Nimm jetzt wieder Kontakt zu den Augen deines Gegenübers auf und verweile ein wenig länger bei ihnen.*
- *Mache dir das Sprichwort bewusst „Die Augen sind der Spiegel der Seele“. Möglicherweise kannst du erkennen, dass etwas Wahres dran ist (ca. ½ Minute Blickkontakt halten).*
- *Das war’s.*

Nachbesprechung:
- Wie erging es euch während dieser Übung?
- Wie erging es euch damit, Augenkontakt aufzunehmen und zu halten?
- Was war angenehm?
- Was war unangenehm?
- Was habt ihr aus dieser Übung für euch im Einzelnen gewonnen?
- Was möchtet ihr sonst noch sagen?

Anmerkung:

Wenn der Blick des Gegenübers auf die Hände gerichtet ist, ist das leicht zu beobachten. Wandert der Blick in einem Umkreis von 20 cm um die Nase herum, ist es schon schwieriger, nachzuvollziehen, worauf der Blick genau gerichtet ist.
Stört der direkte Augenkontakt im Gespräch zu sehr die Konzentrationsfähigkeit, bietet es sich an, den Blick während des Gespräches auf ein Ohr oder die Stirn (Das kann während der Übung herausgefunden werden) der/des GesprächspartnerIn zu richten.
Diese Übung kostet zu Anfang natürlich einige Überwindung, deshalb sollten die SchülerInnen die Trainingsaufgabe so oft wie möglich und mit wem auch immer wiederholen, bis es wieder – wie seinerzeit als Kind – zur Gewohnheit geworden ist, mit dem Gegenüber in Blickkontakt zu treten und den Blick zu halten.

Rollenwechsel!

Könke, Ilse: Wie finde ich den richtigen Beruf? © Auer Verlag

Freies Sprechen

Redeanlässe gibt es viele:
- das Lieblingsbuch/der Lieblingsfilm,
- Witze,
- Assoziationen zu Abbildungen berühmter Gemälde/zu Gedichten,
- Gedanken zu Fotografien aus der eigenen Entwicklungsgeschichte,
- Stellungnahme zu einem aktuellen gesellschaftlichen Thema,
- das eigene Hobby vorstellen usw.

Beliebte Redeanlässe bieten die **Übungen „Geschichten entwickeln"**:

I.
- Für alle SchülerInnen vier Begriffe zusammentragen (Eis – Herbst – lustig – sparen)
- Liste kopieren
- In Streifen schneiden und von den Schülern ziehen lassen
- Jede/r SchülerIn erfindet eine kurze Geschichte, in der die vier Begriffe enthalten sein müssen.
- Diejenigen, die die Geschichte vortragen, werden durch Los ermittelt.
  Mögliche Begriffe:
  1. Eis – Herbst – lustig – sparen
  2. Jacke – klingen – Augenzwinkern – gellend
  3. Pizza – nachfragen – Handbewegung – wahr
  4. Geschichte – zielen – Druck – laut
  5. Einblick – fühlen – Löwe – blau
  6. Perspektive – röcheln – Gedankenlesen – glatt
  7. riechen – Geschmack – Gewehr – klar
  8. Harmonie – Hupe – stinken – verschwommen
  9. leuchtend – Verzerrung – erwähnen – Donald Duck
  10. krankhaft – Dampfwalze – leuchten – Telefon
  11. Hosenträger – hören – Frage – stinkig
  12. Hamsterrad – nachspionieren – Bruder – prima
  13. Gas – rächen – Oberflächen – richtig
  14. egoistisch – lachen – Haltung – Mischmaschine
  15. Schreibmaschine – tanzen – Schnee – recht
  16. Füller – verrückt – Tiefe – kritisieren
  17. Beutelratte – beachten – Jodeldiplom – besser
  18. fechten – Singspiel – ruhig – grün
  19. Frankenstein – Hagelschlag – mutig – hüpfen
  20. telefonieren – Zwiebelsuppe – husten – Mischmaschine
  21. Würze – fegen – Lachgas – frech
  22. Unterricht – freimütig – radeln – Suppenterrine
  23. erbrechen – Vogelnest – nähen – Außenmotor
  24. Schraubenzieher – wischen – Ostereier – schwarz
  25. Kristall – stricken – Lehrling – neu

  usw.

II. Eine Abwandlung stellt Übung 2 dar, bei der die SchülerInnen selbst auf drei verschiedenfarbigen Papierstreifen Vorgaben schreiben:
z. B.: Gelb: Handlungsort Orange: Handelnde Rot: Handlungsgeschehen

Die Papierstreifen einer Farbe werden gemischt. Die SchülerInnen ziehen anschließend von jeder Farbe einen Papierstreifen und entwickeln mithilfe der Vorgaben ihre Geschichten, die sie im Plenum oder in Kleingruppen vortragen.

Informations- und Arbeitsblatt

Profilaussage

► **Vorbereitung:**
Bevor du mit deinem Vortrag beginnst, solltest du einige Regeln beachten:
- Stelle/Setze dich aufrecht hin, damit deine Atmung frei fließen kann.
- Lege deinen Spickzettel mit wenigen Stichworten vor dich auf einen Tisch o. Ä., damit du bei Bedarf darauf zurückgreifen kannst.
- Schaue deine Zuhörer selbstbewusst und offen an und lasse deinen Blick ruhig von einem zum anderen schweifen.
- Achte auf dein Sprechtempo. Bleibe ruhig und entspannt.
- Sprich laut und deutlich, damit auch diejenigen, die weiter weg sitzen, dich verstehen können.
- Kleine Sprechpausen geben dir die Möglichkeit, durch tiefes Durchatmen Stress abzubauen und sie holen die Aufmerksamkeit abschweifender Zuhörer wieder zurück.
- Unterstreiche mit Gestik, Mimik und passender Betonung das, worüber du sprichst, um die Aufmerksamkeit der Anwesenden zusätzlich zu fesseln.
- Bedenke: Freies Reden ist Übungssache. Suche deshalb Sprechanlässe und übe!

► **Aufgabe**:
- Fertige einen 2–3-minütigen **Werbeblock** an, mit dem du den EntscheidungsträgerInnen einen überzeugenden Einblick gewähren kannst in:
  - deine Ausbildungen und Praktika,
  - deine speziellen Fähigkeiten und besonderen Stärken,
  - deine Interessen und Hobbys, soweit sie mit deiner Berufswahl in Verbindung stehen,

  - deinen Berufswunsch (mit Begründung!),
  - dein Motiv, weshalb du dich gerade dort um eine Lehrstelle bemühst.
  - deine Möglichkeiten, für das Unternehmen eine Bereicherung und Hilfe darzustellen.
  - deine Erwartungen an die Arbeitsstelle und deine Aufgaben.
- Benutze beim Anfertigen des Konzeptes deine Unterlagen: Bestandsaufnahme II und Betriebsinformationen!
- Schreibe Stichworte auf („Roten Faden"), an denen du dich während des freien Sprechens gedanklich entlanghangeln kannst.
- Wenn dein Konzept steht, bilde mit einigen MitschülerInnen eine Kleingruppe von 4–6 SchülerInnen und stellt euch gegenseitig eure Profilaussagen vor.
- Gebt euch gegenseitig in angemessener, unverletzender Form Feedback:
  - War der Vortrag überzeugend?
  - Was fehlte?
  - Worauf sollte in Zukunft geachtet werden?
  - Welche Möglichkeiten der Darstellung gibt es sonst noch?
  - Was könnte an der Art der Körperhaltung/Sprechweise verbessert werden?
  - Worin lagen die Stärken des Vortrages?
  - Was gibt es sonst noch zu sagen?
- Vervollständige mithilfe der Verbesserungsvorschläge deiner MitschülerInnen dein Konzept.
- Das Losverfahren entscheidet, wer von euch den Vortrag vor dem Plenum wiederholt. Sei deshalb gut vorbereitet!

Könke, Ilse: Wie finde ich den richtigen Beruf? © Auer Verlag

Arbeitsblatt

Unangenehme Fragen

In der Profilaussage ging es hauptsächlich um deine Schokoladenseite. Jetzt geht es darum, dich auf mögliche unangenehme Fragen einzustellen.
Was spricht gegen dich …

- im Zusammenhang mit schlechten Leistungen in den Fächern?

____

Wie lautet deine Antwort?

____

____

____

____

____

- im Zusammenhang mit Klassenwiederholung/Fehlstunden?

____

Deine Antwort: ____

____

____

- im Zusammenhang mit ungünstigen Beurteilungen im „Kopfnoten"-Bereich?

____

Deine Antwort: ____

____

____

- im Zusammenhang mit dem Stellenangebot?

____

Deine Antwort: ____

____

____

Informationsblatt

Äußerlichkeiten

► Das passende Job-Outfit

Die sichere Wahl eines passenden Outfits gibt dir die Ausstrahlung, die du brauchst, um locker und selbstbewusst aufzutreten.

Schon ein altes Sprichwort sagt: „Wie du kommst gegangen, so wirst du empfangen."
Ein gepflegtes Äußeres und ansprechende Kleidung sind das Erste, was von dir beim Vorstellungstermin ins Auge fällt und beurteilt wird.

Wähle deshalb deine Garderobe mit Sorgfalt und Verstand! Wenn du Zweifel bzgl. der richtigen Kleiderwahl hast, lasse dich von stilsicheren Leuten aus Familie und Freundeskreis beraten.

Besonderen Spaß macht es, wenn du einige FreundInnen dazu gewinnen kannst, gemeinsam mit dir einen VHS-Kurs zur Farb- und Stilberatung zu besuchen und anschließend den Kleiderschrank nach passenden Kombinationen zu durchforsten.

Das brauchst du für dein Vorstellungsgespräch:

- Wenn du noch relativ neue Jeans und eine/n schicken Pulli/Hemd/Bluse hast, dann reicht es i. d. R., wenn du noch nach einem hübschen, preisgünstigen Blazer Ausschau hältst.
  Mit dieser Kombination bist du immer schick und passend gekleidet.
  Das gilt für Mädchen in gleicher Weise wie für Jungen.
- Wichtig sind auch gepflegte Schuhe.
- Der Gang zum Frisör kann auch hilfreich sein.
- Für die Mädchen gilt: wenn Make-up, dann dezent.

Wer sich natürlich ein topaktuelles Outfit leisten kann, ist fein raus, aber es ist nicht nötig. Durch eine geschickte Kombination vorhandener Kleidungsstücke mit etwas Neuem, kann man/frau sich auch wohl und sicher fühlen.

► Pünktlichkeit

Das schickste Outfit nutzt dir wenig, wenn du unpünktlich zum Vorstellungsgespräch erscheinst. Das wird als Desinteresse gewertet und du bist aus dem Rennen.

Deshalb:

- Informiere dich im Vorfeld über die Anfahrtsroute/Bahnverbindungen usw.
- Triff bis zu 30 Minuten früher vor Ort ein, denn du brauchst evtl. Zeit für einen zusätzlichen Toilettengang (Aufregung schlägt auf Blase und Darm) oder um den Treffpunkt auf unbekanntem Gelände in aller Ruhe ausfindig machen zu können.
- Kalkuliere auf dem Weg zum Unternehmen Staus, Umleitungen, eine Panne oder andere unvorhersehbare Ereignisse ein.
- Plane deine Anreise so, dass du genügend Zeit hast und gelassen dem Gespräch entgegensehen kannst.
- Solltest du dich dennoch verspäten, benachrichtige rechtzeitig telefonisch deine GesprächspartnerIn.

Könke, Ilse: Wie finde ich den richtigen Beruf? © Auer Verlag

Informationsblatt

Schriftliche Vorbereitung

Du hast einen Termin zum Vorstellungsgespräch erhalten. Das bedeutet, dass du mit deinen Bewerbungsunterlagen (und Tests) einen positiven Eindruck hinterlassen hast. Jetzt gilt es, diese Chancen gut vorbereitet zu stabilisieren, damit die in dich gesetzten Hoffnungen durch den persönlichen Kontakt bestätigt oder sogar übertroffen werden. Dazu gehört, dass du den Gesprächstermin der unterzeichnenden AnsprechpartnerIn schriftlich bestätigst.
Benutze auch für die wenigen Worte einen vollständigen DIN-A4-Bogen!

Michael Clever
Nikolausweg 3–5
10203 Glücksstadt

13. November 20....

Glücksstädter Maschinenbau KG
Herrn Franz Vonderrolle
Postfach 12 34

10203 Glücksstadt

Bestätigung des Vorstellungstermins am Montag, dem 26.11.20...., 10.30 Uhr

Sehr geehrter Herr Vonderrolle,

ich danke Ihnen für Ihre Einladung zu einem Vorstellungsgespräch. Den von Ihnen vorgeschlagenen Termin am Montag, dem 26.11.20.... um 10.30 Uhr, nehme ich gerne wahr und freue mich auf das Gespräch.

Mit freundlichen Grüßen

Michael Clever

Michael Clever

► Solltest du aus einem wichtigen Grund verhindert sein (z. B. Gerichts-, OP-Termin, Beerdigung naher Verwandter), teile das umgehend mit und bitte um einen Ersatztermin. Bei Erkrankung füge ein Attest bei.

Informationsblatt

Bewerber-Knigge

► **Der erste Kontakt:** Betritt nach dem Anklopfen selbstbewusst den Gesprächsraum mit einem freundlichen „Guten Morgen" oder „Guten Tag".
(Die Jungs haben – soweit Kappenträger – diese selbstverständlich schon beim Betreten des Gebäudes abgenommen!)

► **Vorstellen:** Nenne deinen Namen und den Zweck deines Erscheinens.

► **Begrüßung:** Es wird dann jemand auf dich zukommen und dir Namen und Funktionen der anderen Anwesenden vorstellen. Begrüße in *der* Reihenfolge die Anwesenden mit Handschlag und der Andeutung einer Verneigung.
Merke dir genau die genannten Namen. Es macht sich später gut, wenn du die Betreffenden im Laufe des Gespräches persönlich mit Namen ansprechen kannst.
Setze dich nicht eher, bis dir ein Platz angeboten wird. Wird dir ein Getränk angeboten, meide solche, die den Pulsschlag in die Höhe jagen.

► **Gesprächseinstieg/ Das Unternehmen:** Nach unverfänglichen Fragen zum Weg, zur Anfahrt o. Ä., die dir den Einstieg erleichtern sollen, wird i. d. R. einer der Anwesenden jetzt etwas dazu sagen, was den Ausschlag zur Einladung zum Vorstellungsgespräch gegeben hat und das evtl. in Zusammenhang mit allgemeinen Zielen des Unternehmens bringen. Hier könnte dein Informationsstand über das Unternehmen ausgetestet werden. Wenn du dein Wissen über das Unternehmen kundtun willst, kannst du im passenden Moment – ohne zu unterbrechen – sagen:
„Ich habe gehört/gelesen, dass Sie (das Unternehmen) ..." o. Ä.
Achte, soweit möglich, auf deine Körpersprache, halte Blickkontakt mit deinen GesprächspartnerInnen und höre genau zu.

► **Dein Profil:** Dann geht es um dich selbst und um Fragen zu deinem persönlichen Werdegang.
Jetzt ist der Zeitpunkt für deinen „Werbeblock" gekommen. Trage ruhig vor, was du mitzuteilen hast, und nimm, während du das tust, entspannt Blickkontakt zu den einzelnen Personen auf, im Bewusstsein, dass du etwas Wichtiges für das Unternehmen zu bieten hast: deine Arbeitskraft, deine Einsatzbereitschaft, deine Fähigkeiten und Begeisterung für diesen Beruf.

► **Gesprächsende:** Das Gesprächsende wird dir von den Entscheidungsträgern signalisiert, indem sie sich erheben oder dies direkt sagen.
Das ist für dich der Moment, zu fragen, wie es weitergeht und **bis wann du mit der Benachrichtigung über die Entscheidungsfindung rechnen kannst.**
Verabschiede dich stehend mit einem freundlichen „Auf Wiedersehen!" mit Handschlag und angedeuteter Verbeugung und bedanke dich dafür, dass dir die Gelegenheit für das Gespräch gegeben wurde, denn die Anwesenden haben ihre Zeit speziell für dich zur Verfügung gestellt.

► **Nachklapp im Training:** Dann werden EntscheidungsträgerInnen und der ‚Guardian Angel' über deine Einstellung oder Nichteinstellung diskutieren.
Halte dich zurück und höre aufmerksam zu. Mache dir ggf. Notizen, die dir in der realen Situation weiterhelfen können.

Könke, Ilse: Wie finde ich den richtigen Beruf? © Auer Verlag

Rollenspiel

Absicht:

Durch das Rollenspiel habt ihr die Chance, euch auf eure Rolle als BewerberIn im Vorstellungsgespräch einzustellen und alle Eventualitäten vorwegzunehmen und auszuprobieren.

Instruktionen/Durchführung:

Bildet zunächst Gruppen aus fünf SchülerInnen.
Einigt euch, wer als BewerberIn den Anfang macht, wer die Rolle der Entscheidungsträger (ArbeitgeberIn/PersonalchefIn und AusbildungsleiterIn/,Guardian Angel') übernimmt.
Später werden die Rollen gewechselt, damit alle die gleichen Chancen bekommen.

Anmerkungen:

- Ist die Rollenverteilung klar, werden mittels der jeweiligen Rollenkarten die nötigen Vorbereitungen getroffen.
  Je nach Zeitrahmen kann das während des Unterrichtes geschehen. Das erspart den SchülerInnen zusätzliche terminliche Absprachen und Wege und ermöglicht, bei Bedarf TrainingslehrerInnen für Fragen unmittelbar zur Verfügung zu haben.
  Bei Zeitmangel treffen sich die SchülerInnen nachmittags. TrainingslehrerInnen sind telefonisch erreichbar.
- Die „EntscheidungsträgerInnen" stimmen ihre Vorgehensweise miteinander ab. Die BewerberInnen lassen sich von ihren ‚Guardian Angels' unterstützen und beraten. Diese können später im Rollenspiel überprüfen, ob die umgesetzten Vorstellungen den gewünschten Effekt gezeigt haben, und mögliche Verbesserungsvorschläge machen.
- Nach jedem Durchgang erfolgt eine gruppeninterne Feedbackrunde (= Entscheidungsrunde) der Unternehmensabordnung, in der konstruktive Kritik geübt wird. Den EntscheidungsträgerInnen kommt dabei vorwiegend die „Kritiker"-Rolle zu und den ‚Guardian Angels' die Rolle der ermutigenden BeraterInnen.
  Als Feedback- und Korrekturhilfe sind Videoaufzeichnungen ideal.
  Dazu müssen genügend Kameras auf Stativ, Videokassetten und die passenden Räumlichkeiten organisiert werden.
- Zum Abschluss werden jeweils zwei BewerberInnen, die EntscheidungsträgerInnen und ‚Guardian Angels' (2 Gruppen!) per Losverfahren ausgewählt, die dem Plenum das vorbereitete Bewerbungsgespräch präsentieren und zur Diskussion stellen (Worin lag der Unterschied? Was war gut und kann ggf. übernommen werden?).
- Da jeder jede Rolle spielt, wird den SchülerInnen das Bewerbungsgespräch fast zur Gewohnheit. Eine Demotivation konnte nicht beobachtet werden, da die SchülerInnen sich gegenseitig darin unterstützen möchten, den gewünschten Beruf zu erreichen.
- In Gruppenarbeit können außerdem Informationen zur Ich-AG sowie zum Schüler-BAföG gesammelt und vorgetragen werden.

Arbeitsblatt

Rollenkarte 1: BewerberIn

Arbeitsauftrag

Vorbereitung des Gesprächs:

- **Bereite einige Fragen vor**, die du an deine GesprächspartnerInnen richten kannst, um zusätzliche Informationen zu erhalten: über deine Ausbildung, Berufsschulunterricht, deinen zukünftigen Arbeitsplatz, dein Arbeitsteam, das Unternehmen und dessen Gepflogenheiten (unternehmensinterne Regeln), Möglichkeiten der späteren Übernahme, Aufstiegsmöglichkeiten, das Gehalt im 1., 2., 3. Lehrjahr o. Ä.
- Händige deinen TrainingspartnerInnen **Kopien deiner Bewerbungsunterlagen** aus, damit sie ihre Befragung darauf aufbauen können.
  Wenn es dir nichts ausmacht, solltest du Kopien der realen **Zeugnisse** benutzen, damit die Fragen der „EntscheidungsträgerInnen" denen einer realen Situation entsprechen können. Wenn es dir aber unangenehm ist, dass deine TrainingspartnerInnen deine Zeugnisnoten erfahren, dann erfinde dein Zeugnis neu – mit möglichen Stärken und Schwächen.
- Vergegenwärtige dir noch einmal deinen **„Werbetext"** (Profilaussage), mit dem du deine GesprächspartnerInnen in 2–3 Minuten für dich einnehmen willst.

Das Gespräch:

- Zum Bewerbungsgespräch mitzubringen sind:
  - die **Einladung** zum Bewerbungsgespräch.
  - die Kopien deiner **Bewerbungsunterlagen** (falls Nachfragen/Unklarheiten o. Ä. auftauchen).
  - **Originale der Zeugnisse**, die du als Kopien der schriftlichen Bewerbung beigefügt hast. (Im Training nimmst du natürlich auch Kopien.)
  - deine zusammengetragenen **Informationsmaterialien zum Unternehmen.**
  - deine **vorbereiteten Fragen.**
    Du kannst sie natürlich im passenden Moment hervorholen und darauf aufmerksam machen, dass du dir einige Fragen aufgeschrieben hast, einen kurzen Blick darauf werfen und sie dann frei vortragen.
  - **Notizblock mit Stift.**
- Mache dir während des Gesprächs Notizen. Das signalisiert echtes Interesse und Motivation.
  Je mehr Interesse du zeigst und je mehr du zu dem Gespräch beitragen kannst, ohne den anderen ins Wort zu fallen und den Eindruck einer Quasselstrippe zu erwecken, umso höher steigen deine Chancen.
- Wenn dein Praktikum im Zusammenhang mit deinem Berufsziel stand, kannst du die überarbeitete und ergänzte **Praktikumsmappe** als Grundlage nehmen, um über dein Berufsziel zu sprechen.
  Solch eine Gesprächsgrundlage lenkt die unmittelbare Aufmerksamkeit von dir ab und entlastet dich für einen Moment insofern, als du über dich aus einer distanzierteren Position heraus sprechen kannst.

Könke, Ilse: Wie finde ich den richtigen Beruf? © Auer Verlag

Arbeitsblatt

Rollenkarte 2: EntscheidungsträgerIn

Zu eurer Entlastung sind die Fragen, die EntscheidungsträgerInnen stellen können, zum Teil vorgegeben. So könnt ihr euch darauf konzentrieren, im Rollenspiel nachzuspüren, wie überzeugend sich die BewerberInnen darstellen, und ob sie das Team, in dem sie arbeiten sollten, bereichern werden. Kopien der Bewerbungsunterlagen und Informationen zum Unternehmen bekommt ihr zur Vorbereitung auf das Gespräch von den BewerberInnen.

Vorbereitung des Gesprächs:
Einigt euch:
- Wer ist GeschäftsführerIn ... und verantwortlich für die gesamte Unternehmensführung?
  oder PersonalchefIn ... mit Personalangelegenheiten (Bewerberauswahl) beschäftigt?
- Wer ist AusbildungsleiterIn ... und für die Betreuung der Azubis zuständig?
- Wer ist FachbereichsleiterIn ... regelt und überwacht Vorgänge im jeweiligen Fachbereich?

- Wer übernimmt die Fragen aus dem Bereich „Schulausbildung"?
- Wer durchleuchtet den Privatbereich der BewerberInnen? Achtung: Einige Themen sind tabu! Welche?
- Wer stellt Fragen, die im betrieblichen Interesse liegen?
- Einigt euch auch auf die Reihenfolge der Befragung.
- Diskutiert, warum ihr in dieser Reihenfolge vorgehen wollt und nicht anders.
- Legt die Dauer des Gespräches sowie die/den ZeitnehmerIn fest (20 Minuten oder mehr).

Gesprächsverlauf:
- Gebt den BewerberInnen zu Beginn die Chance, sich etwas zu beruhigen, denn sie sind in der besonderen Situation aufgeregt.
- Erhebt euch zur **Begrüßung** von euren Stühlen und gebt der/dem BewerberIn die Hand. Stellt euch mit Namen und Aufgabengebiet vor und bittet die/den BewerberIn, Platz zu nehmen.
- Sagt einige anerkennende Worte zum Bewerbungsschreiben und darüber, was den Ausschlag zur Einladung zum Vorstellungsgespräch gegeben hat.
- Erzählt **Allgemeines zum Unternehmen** (s. Infomaterial) und überprüft dabei durch Zwischenfragen, was über das Unternehmen bekannt ist.
- Sagt etwas zum **Arbeitsplatz und Aufgabengebiet** der BewerberInnnen und zu den KollegInnen. Stellt evtl. eine Besichtigung in Aussicht.
- Gebt dann den BewerberInnen Gelegenheit, selbst zu Wort zu kommen.
- Stellt danach Fragen zu dem, was euch bei der Entscheidungsfindung außerdem wichtig erscheint (siehe Fragen zu den unterschiedlichen Bereichen).

Gesprächsende:
- Das Ende des Gespräches signalisiert ihr, indem ihr das Gespräch für beendet erklärt, euch von euren Plätzen erhebt und euch freundlich mit Handschlag verabschiedet. Nur wenn ihr auf die schriftliche Mitteilung bzgl. der Einstellung angesprochen werdet, gebt ihr den Hinweis, dass dies innerhalb einer Woche geschieht.

Nachbesprechung:
Nach dem Vorstellungsgespräch tauscht ihr zusammen mit dem ‚Guardian Angel' und in Anwesenheit der BewerberIn eure Meinungen aus und beratet, ob und warum ihr ihn bzw. sie einstellen wollt oder nicht. Achtet auf Rückmeldungen, die weiterhelfen!
Bei Absage: Was fehlte eurer Meinung nach?
Bei Zusage: Wodurch hat sie/er erreicht, von euch eingestellt zu werden?
Was gab den Ausschlag zu einem „JA"?

Arbeitsblatt

Rollenkarte 3a: Mögliche Fragen zum Privatbereich

Wähle aus oder finde eigene.

- Unterstützen Ihre Eltern Ihren Berufswunsch? Wenn ja, wie?
- Wo arbeitet Ihr Vater? Welchen Beruf übt Ihre Mutter aus?
- Wie verstehen Sie sich mit Ihren Eltern?
- Haben Sie Geschwister? Wie viele?
- Sind Ihre Geschwister auch schon berufstätig?
- Wie kommen Sie mit Ihren Geschwistern aus?
- Sind Sie in Ihrer Freizeit in einem Verein aktiv? Welchem?
- Was sind Ihre Hobbys?
- Welche Fernsehsendungen interessieren Sie besonders?
- Welche Bücher haben Sie zuletzt gelesen?
- Haben Sie einen großen Freundeskreis?
- Was, glauben Sie, schätzen Ihre Freunde besonders an Ihnen?
- Sonstiges

Rollenkarte 3b: Mögliche Fragen zum Bereich „Schule"

Wähle aus oder finde eigene.

- Welche Schulausbildung haben Sie?
- Gehen Sie gerne zur Schule?
- Was sind Ihre Lieblingsfächer? (Begründung)
- Welche speziellen Interessen haben Sie?
- Gibt es Fächer, bei denen Ihnen irgendwann klar wurde, dass Ihnen dieser Bereich so viel Spaß bereitet, dass Sie damit eine berufliche Laufbahn verbinden möchten?
- Was war bisher Ihr größter Erfolg in der Schule?
- Die Leistungen in den Fächern … sind nicht so gut. Woran liegt das?
- Wie schätzen Sie Ihre Konzentrationsfähigkeit und Arbeitshaltung ein?
- Haben Sie schon einmal in den Ferien gearbeitet? Was?
- Welche Vorerfahrungen haben Sie im Zusammenhang mit Ihrem Berufsziel?
- Wo liegen Ihre besonderen Stärken?
- Wie ist das Verhältnis zu Ihren MitschülerInnen?
- Sonstiges

Könke, Ilse: Wie finde ich den richtigen Beruf? © Auer Verlag

Arbeitsblatt

Rollenkarte 3c: Mögliche Fragen, die im betrieblichen Interesse liegen

Wähle aus oder finde eigene.

- Warum wollen Sie gerade diesen Ausbildungsberuf ergreifen?
- Was interessiert Sie am meisten daran?
- Warum wollen Sie gerade hier Ihre Ausbildung absolvieren?
- Was ist Ihr genaues Berufsziel?
- Was interessiert Sie an diesem Beruf besonders?
- Wie kam der Kontakt zu dem Beruf zustande?
- Was wissen Sie über unsere Produkte/Dienstleistungen?
- Wo haben Sie sich über den von Ihnen gewählten Beruf informiert?
- Worin sehen Sie die Vorteile, worin die Nachteile in dem von Ihnen gewählten Beruf?
- Über welche Berufe haben Sie sich außerdem informiert?
  Was hat Sie davon abgehalten, sich für die anderen zu entscheiden?
- Haben Sie sich bereits bei anderen Unternehmen beworben?
- Was ist Ihnen im Berufsleben am wichtigsten?
- Was würde Ihnen im Berufsleben weniger gefallen?
- Haben Sie Erfahrungen in Teamarbeit?
- Arbeiten Sie lieber im Team oder sind Sie eher EinzelkämpferIn? (Begründung)
- Was bedeutet für Sie ‚Zusammenarbeit'?
- Können Sie unter Druck arbeiten?
- Mögen Sie eher gleichbleibende Arbeitsabläufe (Routinearbeit) oder bevorzugen Sie in Ihrer Arbeit Abwechslung und Herausforderungen? (Begründung)
- Gibt es Tätigkeiten, die Sie aus gesundheitlichen Gründen nicht ausüben dürfen?
- Wie beurteilen Sie Ihren derzeitigen Gesundheitsstand?
- Wie soll es – Ihrer Meinung nach – im Anschluss an die Berufsausbildung weitergehen? Welche Aufstiegs- oder Ausbaumöglichkeiten kennen Sie in diesem Berufsbereich?
- Was sind Ihre Pläne für die Zukunft in ca. 10/15 Jahren?
- Was wäre – Ihrer Meinung nach – ein guter Grund, Sie bei uns einzustellen?
  Was ist Ihre größte Stärke?
- Sonstiges

Arbeitsblatt

Rollenkarte 4

‚Guardian Angel'

Du hast die wichtige Aufgabe, als ‚Guardian Angel' die BewerberInnen zu unterstützen. Lasse dir dazu zunächst **Informationen zur Bewerbung** geben.

Vorbereitung des Gesprächs:
Du hilfst:
- beim **Verfassen der Fragen**, die im Vorstellungsgespräch an die Unternehmensabordnung gerichtet werden können.
- Ideen zu entwickeln, um **Schwächen in Stärken umzuwandeln**.
- Bedenken der Entscheidungsträger, z. B. im Zusammenhang mit schlechten Schulnoten, durch **gute Argumente** zu entkäften.
- zu überprüfen, ob der **Werbetext** beherrscht wird und gibst – wenn nötig – Verbesserungshinweise.
- zu überprüfen, ob alle **Unterlagen** für das Gespräch komplett sind:
  - Einladung zum Bewerbungsgespräch
  - Kopien der Bewerbungsunterlagen (bei Nachfragen/Unklarheiten)
  - „Originale" der Zeugnisse (die nur als Kopien der schriftlichen Bewerbung beigefügt waren)
  - Infomaterial zum Unternehmen
  - vorbereitete Fragen
  - evtl. Praktikumsmappe
  - Notizblock und Stift
  - Taschentuch

Gesprächsverlauf:
- Während des Vorstellungsgespräches bist du aufmerksame/r BeobachterIn, damit du später in der Beratungsrunde der Entscheidungsträger als ‚Guardian Angel' *für* deinen Schützling argumentieren kannst. Mache dir Notizen!

Nachbesprechung:
- Sprich zum Abschluss noch einmal in einem **Vier-Augen-Gespräch** mit deinem Schützling. Stelle ihm folgende Fragen:
  - Wie geht es dir jetzt?
  - Wie ist es nach deinem Empfinden gelaufen?
  - Was möchtest du in der realen Situation verändern?
  - Was ist gut gelaufen?
  - Was brauchst du jetzt? Was kann ich für dich tun?

Könke, Ilse: Wie finde ich den richtigen Beruf? © Auer Verlag

Beobachtungsbogen

BewerberIn...(Gruppe: ....)

1. stellte Entscheidungsträgern zur Verfügung
   - Zeugnis ja / nein
   - Lebenslauf ja / nein
   - Bewerbungsschreiben ja / nein
   - Informationen zum Wunschunternehmen ja / nein
2. formulierte eigene Fragen
   - zur Ausbildung ja / nein
   - zum Betrieb ja / nein
3. Auftreten
   - angemessene Kleidung/Frisur? ja / nein
   - Notizblock mit Stift parat? ja / nein
   - Praktikumsmappe? ja / nein
   - klopfte an? ja / nein
   - grüßte höflich/stellte sich vor? ja / nein
   - Benachrichtigungstermin erfragt? ja / nein

EntscheidungsträgerInnen

PersonalchefIn ....

AusbildungsleiterIn ....

FachbereichsleiterIn ....

4. Klare Absprache bezüglich der Rollen? ja / nein
5. Klarheit darüber, wer wann welche Fragen an Bewerber/In stellt?
   - betrieblich ja / nein
   - die Ausbildung betreffend ja / nein
   - privat ja / nein
6. Begrüßung
   - mit Handschlag? ja / nein
   - wurden KollegInnen vorgestellt? ja / nein
   - wurde Platz angeboten? ja / nein
   - wurde über anfängliche Aufregung hinweggeholfen? ja / nein
7. Das eigentliche Bewerbungsgespräch …
   - ruhige und freundliche Fragestellung? ja / nein
   - durch Nachfragen Interesse gezeigt? ja / nein
   - Gesprächsende klar signalisiert? ja / nein

Guardian Angel ....

8. fühlte sich Schützling gut unterstützt? (nachfragen!) ja / nein

Informationsblatt

Tipps für hartnäckige BewerberInnen

Es besteht die Möglichkeit, dich erneut ins Blickfeld der EntscheidungsträgerInnen zu rücken, indem du dich zwei bis drei Tage nach dem Vorstellungsgespräch bei ihnen noch mal für das interessante Gespräch bedankst und evtl. Fragen stellst, die dich im Nachhinein beschäftigen.
Danach gilt es, sich in Geduld zu üben und abzuwarten.
Lässt die Reaktion zu lange auf sich warten (das sind mehr als zwei Wochen), frage nach, wann du mit einem Bescheid rechnen kannst.

Im Falle einer Absage ...
bringt es nichts, resigniert vor sich hin zu grübeln und mit dir, anderen oder dem Schicksal zu hadern.
Eine Absage bezieht sich einzig und allein auf die Erfordernisse und den Bedarf des Unternehmens, niemals auf dich als Menschen. Du bist und bleibst beachtens- und liebenswert.

Eine Ab- oder Zusage ist lediglich eine Rückmeldung, ob Angebot und Nachfrage übereinstimmen oder nicht. Ist diese Übereinstimmung – wie im Fall einer Absage – nicht gegeben, dann bedeutet das für dich als gefuchste MarktanbieterIn, zu schauen, wie du beim nächsten Mal deine Bewerbung auf andere Art und Weise gestalten kannst, um den Erfordernissen des anvisierten Unternehmens näher zu kommen.
Das ist auch der Grund, weshalb es so eminent wichtig ist, im Vorfeld ausreichend Informationen über das betreffende Unternehmen einzuholen.

Im Nachhinein, wenn es zur Absage gekommen ist, gilt es, selbstbewusst zum Hörer zu greifen und deine AnsprechpartnerIn ruhig und aufmerksam nach den Gründen der Absage zu fragen. Ohne Vorwurf, ohne die beleidigte Leberwurst zu spielen, sondern einfach aus persönlichem Interesse, um die Information der Rückmeldung bei der nächsten Bewerbung berücksichtigen zu können.

Bitte auch um sachkundigen Rat für zukünftige Vorstellungsgespräche bei anderen Unternehmen.

Könke, Ilse: Wie finde ich den richtigen Beruf? © Auer Verlag

Feedbackbogen

Name: .... Datum: ....

(Der Feedbackbogen kann auch ohne Namensnennung ausgefüllt werden.)

Was mir gefallen hat:

Was mir nicht gefallen hat:

Mein Verbesserungsvorschlag:

Projekterweiterung: Gründung einer Schülerfirma

▶ Idee:

Eine Erweiterung des Trainings zur Berufsfindung könnte z. B. die **Gründung einer Schülerfirma** darstellen, die sich aus einer Aktion anlässlich einer Projektwoche oder eines Werkstatttages entwickeln kann.

Voraussetzung für Fördermittelerhalt ist, dass die Initiative von SchülerInnen ausgeht und keine Konkurrenz zu bestehenden örtlichen Firmen aufgebaut wird. Das Gegenteil sollte der Fall sein! Die Schule stellt über die Schülerfirma eine Verbindung zu regionalen Wirtschaftszweigen her, indem z. B. für den Schulkiosk der örtliche Bäcker die Brötchen, Supermarkt und Metzger Aufschnitt, Obst und Knabbersachen liefern.

Durch lebensnahes **Learning by doing** erwerben die SchülerInnen Wissen und Erfahrungen, die später im Berufsleben gefragt sind und ihre Aussicht auf eine Zukunft ohne Arbeitslosigkeit vergrößern. Sie erfahren außerdem, was es bedeutet, auf der Seite der EntscheidungsträgerInnen zu stehen, wenn es gegen Ende der Schullaufbahn oder bei vorzeitigem Ausscheiden von MitschülerInnen heißt, dem Unternehmen verantwortungsbewusst diejenigen MitarbeiterInnen zuzuführen, die es aufgrund der betrieblichen Erfordernisse und Gegebenheiten benötigt. Sie sehen, dass Rolle und Funktion das ausschlaggebende Kriterium für die Bewerberauswahl darstellen und nicht der Mensch als solcher.

Dieses Wissen kann den SchülerInnen später im Fall einer Anhäufung abschlägiger Bewerbungsbescheide für den Erhalt des Selbstwertes von großem Nutzen sein und sie gleichzeitig darauf hinweisen, Überlegungen anzustellen, wie die eigenen Fähigkeiten wirkungsvoll eingesetzt werden können, um die Belange des anvisierten Unternehmens zu unterstützen und das auch zu artikulieren.

Wenn bis dahin von manchen SchülerInnen die Aneignung von **Schlüsselqualifikationen** möglicherweise als aufgezwungenes Übel erlebt wurde, so erfahren sie spätestens im Zusammenhang mit der Organisation einer eigenen Firma, wie existenziell bedeutsam es ist, über Fähigkeiten zu verfügen wie

- Zielorientiertheit,
- Kommunikationsfähigkeit zur Aufnahme, Weitergabe und zum Austausch von Informationen,
- Reflexionsfähigkeit zur Regulierung der Produktivität unter Berücksichtigung firmen-, mitarbeiter- und kundenorientierter Interessen und Bedürfnisse,
- Team- und Kooperationsfähigkeit basierend auf Zuverlässigkeit, Verantwortungsbewusstsein und Einsatzbereitschaft zum Zweck einer effektiven Arbeitsorganisation,
- Organisationsfähigkeit zum Aufstellen von Arbeits-, Verhaltens- und ggf. Sanktionsregeln zur Sicherung konstruktiver Arbeitsprozesse,
- Selbstständigkeit im Bereich der jeweils eingenommenen Rolle/Funktion und
- Präsentationsfähigkeit.

Die SchülerInnen erfahren nicht nur den motivierenden Drive des eigenverantwortlichen Tuns. Sie erhalten am Ende des Projektes auch für ihre Bewerbungsunterlagen ein detailliertes **Zertifikat**, das viele Arbeitgeber veranlassen kann, diese SchülerInnen solchen mit weniger Berufserfahrungen vorzuziehen.

Könke, Ilse: Wie finde ich den richtigen Beruf? © Auer Verlag

▶ Organisation:

Lehrkräfte haben bei diesem Projekt eine begleitende Funktion als angestellte FirmenberaterInnen.
Wegen des hohen Arbeits- und Zeitaufwandes ist es anzuraten, diese Beratungstätigkeit zumindest streckenweise durch ein LehrerInnenteam auszuüben, indem fächerübergreifend FachkollegInnen einbezogen werden. So können Deutsch-, Kunst- und InformatiklehrerInnen ihr Wissen im Zusammenhang mit Firmenkorrespondenz, Werbung, Präsentation usw. einbringen, während die MathematiklehrerInnen in Aktion treten, wenn es um Fragen der Buchführung und Statistik geht. Sowi-LehrerInnen qualifizieren die SchülerInnen im Zusammenhang mit Marktanalyse, Unternehmensformen, betriebswirtschaftlichem Know-how u. Ä.
Vielleicht können auch außerschulische BeraterInnen hinzugezogen werden, wie z. B. Fachleute aus Banken, Finanzamt, IHK u. Ä. sowie sachkundige Väter und Mütter.

Doch vor all dem steht das **Einverständnis von Schulleitung, Schulkonferenz** und evtl. des Fördervereins, soweit dieser als Organisationsbasis zur Abwicklung rechtlicher und steuerlicher Angelegenheiten auftreten soll (Infos s. Vereinsrecht, ‚Verein und Steuern').

Wenn das Anliegen des Projektes die verbesserte Vorbereitung der SchülerInnen auf Anforderungen im Berufsleben darstellt, mit Erwerb relevanter Schlüsselqualifikationen und Förderung sozialer Kompetenz, dann steht die pädagogische Absicht im Vordergrund und *nicht* etwa der Aufbau eines realen, eigenständigen Wirtschaftsunternehmens.

▶ Rechtliches:

Wenn Schulleitung, Schulkonferenz und ggf. Förderverein die Aktivitäten der Schülerfirma aufgrund der pädagogischen Zielsetzung als Schulveranstaltung anerkennen und die vom Finanzamt vorgegebene Geringfügigkeitsgrenze für Umsatz und Gewinn (max. 30.000,– Euro, bitte überprüfen) eingehalten wird, dann bietet die Schule den rechtlichen Schutzraum und das Projekt „Schülerfirma" hat den **Rechtsstatus einer Arbeitsgemeinschaft**. Die Schülerfirma braucht nicht beim Gewerbeaufsichtsamt gemeldet zu werden und keine Körperschaftssteuern abführen.

Läuft das Projekt unter der Schirmherrschaft des **Fördervereins**, fließt der Ertrag der Schülerfirma in die Gesamteinnahmen des Fördervereins, die nur dann steuerfrei bleiben, wenn die Geringfügigkeitsgrenze nicht überschritten wird bzw. wenn die Verwendung des Gewinns ausschließlich gemeinnützigen Zwecken zugutekommt.

Damit kann jedoch der Entscheidungs- und Verantwortungsspielraum der ProjektteilnehmerInnen durch die übergeordneten Interessen des Fördervereins eingeschränkt werden.

Zentrales Anliegen sollte es sein, die SchülerInnen zu motivieren und zu befähigen, eigenverantwortlich Aufgaben in Schule und schulinternen Initiativen zu übernehmen, daran zu reifen und Kompetenzen zu erwerben, die ihnen im Berufsleben zugutekommen.

Hilfreiche Adressen für die Projekterweiterung

Es gibt einige regionale und überregionale Initiativen, die SchülerInnen für ihr Vorhaben nicht nur mit notwendigem Startkapital unter die Arme greifen, sondern auch mit gut durchdachtem und strukturiertem Anwendermaterial helfen, erste Klippen zu umschiffen.

- Institut der Deutschen Wirtschaft
  Junior-Geschäftsstelle
  Gustav-Heinemann-Ufer 84-88
  50968 Köln
  Tel.: 02 21 / 49 81 70 7
  www.iw-junior.de

- Steinbeis GmbH & Co. für Technologietransfer
  Haus der Wirtschaft
  Willi-Bleicher-Straße 19
  70174 Stuttgart
  Tel: 07 11 / 18 39-5
  www.steinbeis.de

- Ministerium für Wirtschaft des Landes Brandenburg
  Heinrich-Mann-Allee 107
  14473 Potsdam
  Tel: 03 31 / 8 66 17 82
  www.gruendungsnetz.brandenburg.de

- Initiative zur Förderung und Betreuung von Schülerfirmen
  Ansprechpartner: Claus Richter
  Zwischen den Wassern 12
  27356 Rotenburg (Wümme)
  Tel.: 0 42 61 / 96 60 87
  www.schuelerfirmen.com

- Stiftung der Deutschen Wirtschaft (TRANS-JOB)
  Kooperation Schule Wirtschaft
  Breite Str. 29
  10178 Berlin
  Tel.: 0 30 / 20 33 15 59

Könke, Ilse: Wie finde ich den richtigen Beruf? © Auer Verlag

Weiterführende Literatur

BESSER-SIEGMUND, CORA/SIEGMUND, HARRY: Coach Yourself. Persönlichkeitskultur für Führungskräfte. Junfermannsche Verlagsbuchhandlung, Paderborn 2003.

BOLLES, RICHARD: Durchstarten zum Traumjob. Das Handbuch für Ein-, Um- und Aufsteiger. Campus, Frankfurt/Main 2002.

BOLLES, RICHARD: Durchstarten zum Traumjob. Das Workbook zum Bewerbungshandbuch. Campus, Frankfurt/Main 2002.

BRIESE-NEUMANN, GISA: Professionell telefonieren. Kompetenz, Kundenorientierung und Corporate Identity am Telefon. Betriebswirtschaftlicher Verlag Gabler, Wiesbaden 1996.

FISCHER-EPE, MAREN: Coaching: Miteinander Ziele erreichen. Rowohlt, Reinbek 2003.

KLIPPERT, HEINZ: Berufswahlunterricht. Handlungsorientierte Methoden und Arbeitshilfen für Lehrer und Berufsberater. Beltz, Weinheim 1991.

LASKO, WOLF: Personal Power – Mut zum Handeln. Wie Sie bekommen, was Sie wollen. Goldmann, München 2003.

MANEKELLER, WOLFGANG: Die Bewerbung. Perfekt und erfolgreich. Goldmann, München 2003.

MARSAL, EVA: Unverletzende Selbstbehauptung. Das Karlsruher Jugendtraining. Leske und Budrich, Weinheim 1997.

MOHL, ALEXA: Der Meisterschüler. Der Zauberlehrling Teil II. Das NLP-Lern- und Übungsbuch. Junfermannsche Verlagsbuchhandlung, Paderborn 1996.

SCHMIDT-TANGER, MARTINA: Veränderungscoaching. Kompetent verändern. NLP im Changemanagement, im Einzel- und Teamcoaching. Junfermannsche Verlagsbuchhandlung, Paderborn 1998.

SCHNEIDER, PETER/ZINDEL, MANFRED/LÜTZERICH, ROLAND: Den Einstellungstest bestehen. Das erfolgreiche Testtraining. Ullstein, München/Berlin 2004.

SCHULZ VON THUN, FRIEDEMANN: Miteinander reden. Störungen und Klärungen. Allgemeine Psychologie der Kommunikation. Rowohlt, Reinbek 1981.

WLODAREK, EVA: Mich übersieht keiner mehr. Größere Ausstrahlung gewinnen. S. Fischer, Frankfurt/Main 2003.

YATE, MARTIN: Das erfolgreiche Bewerbungsgespräch. Die härtesten Fragen – die besten Antworten. Campus, Frankfurt/Main 2002.

ZARRO, RICHARD/BLUM, PETER: Gekonnt telefonieren durch NLP. So finden Sie den richtigen „Draht"! MVG, Frankfurt/Main 1995.

Broschüren:

HESSE, JÜRGEN: Erfolgreich bewerben. Deutscher Sparkassenverlag, Stuttgart.
BUNDESAGENTUR FÜR ARBEIT (HRSG.): Mach's richtig.
HÖKE, C.: Wir werden, was wir wollen, Bd. 2–6.

Alle
Unterrichtsmaterialien
der Verlage Auer, AOL-Verlag und PERSEN
jederzeit
online
verfügbar
lehrerbuero.de
Jetzt kostenlos testen!
lehrerbüro
Das Online-Portal für Unterricht und Schulalltag!